前 言

美国著名教育家、演讲理论家戴维·卡耐基在《口才训练妙诀》一书中指出："一个人的成功，约有百分之十五取决于技术知识，百分之八十五取决于人类工程——发表自己意见的能力，担任领袖的能力和激发他人热忱的能力。"这三种能力，哪种能力又能离得开口才呢？美国人类行为科学研究者汤姆士说得更直接："说话的能力是成名的捷径。"他甚至断言："发生在成功人物身上的奇迹，一半是由口才创造的。"（转引自陈大海《公共口才教程》，中山大学出版社 1997 年版，第 14 页。）当今世界，科学技术飞速发展，信息量极为丰富，而且高度企业化、全球化。"地球在缩小，舌头在延长"，这是现代社会带给人们的两个最鲜明感觉。因此，与之相适用的人才，必须具备良好的口才。

良好口才的表现特征，应该是敢说、有说、会说。敢说，是由良好的心理素质决定的；有说，取决于精深的修养与深厚的积累；会说，则源于娴熟的技巧与技艺。

基于对社会、人才、口才内在关系的理解，2001 年上半年，由湖南师范大学出版社策划，长沙大学唐树芝教授担任主编，湖南省旅游局副局长袁新华担任副主编，编写了一套语言技巧与实践丛书。

丛书从语言技巧的视角切入，立足实践，以驾驭实例的方式，循序渐进地全面地促成技巧向能力转化。阐述力求简明、精当，举例讲究典范、时新。

丛书的作者分别是：

《演讲语言技巧与实践》——长沙大学唐树芝；

《主持语言技巧与实践》——湖南师范大学黄瑛，湖南都市频道曾致；

《导游语言技巧与实践》——湖南师范大学赵湘军；

《朗诵语言技巧与实践》——湖南广播电视学校路英。

但愿这套丛书，能带给读者一定的裨益。

书中的肤浅、疏漏在所难免，诚望专家、学者、同仁、读者不吝赐教。

编　者

语言技巧与实践丛书

◇丛书主编／唐树芝

◇丛书副主编／袁新华

演讲语言技巧与实践

唐树芝　著

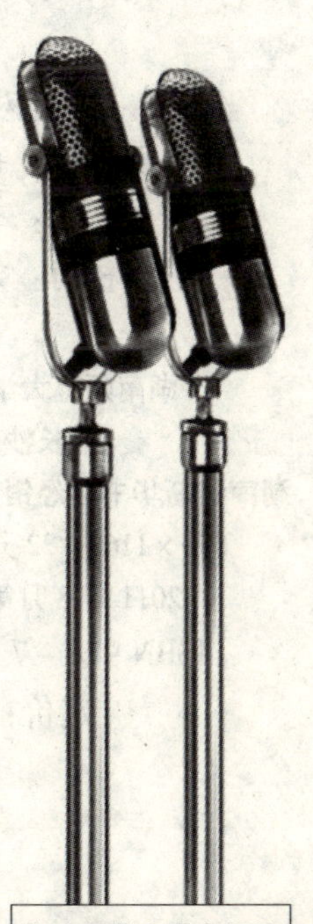

湖南师范大学出版社

图书在版编目（CIP）数据

演讲语言技巧与实践／唐树芝著．—长沙：湖南师范大学出版社，2003.1

（语言技巧与实践丛书/唐树芝主编　袁新华副主编）

ISBN 978－7－81081－221－4

Ⅰ．演…　Ⅱ．唐…　Ⅲ．演讲—语言艺术

Ⅳ．H019

中国版本图书馆 CIP 数据核字（2002）第 079471 号

演讲语言技巧与实践

唐树芝　著

策划组稿：孙利军　刘苏华

责任编辑：李巧玲

责任校对：刘琼琳

湖南师范大学出版社出版发行

（长沙市岳麓山）

湖南省新华书店经销　　国防科技大学印刷厂

850×1168　32 开　8 印张　201 千字

2011 年 8 月第 1 版第 3 次印刷

ISBN 978－7－81081－221－4

定价：15.80 元

目　录

第一章 语音技巧

演讲主要依靠口语表达，它要求嗓音宏亮圆润，吐字清晰有力，节奏分明适度，感情充沛真挚，这一切都取决于口语发送能力。口语的发送能力取决于语音造型。

形和神，是语音造型的两个基本点。

形，是指演讲者运用各种发音器官发出的各种声音，作用于听众的听觉器官，通过联想与想象，听众沿着语音的诱导，还原或生成各种生活画面和具体形象。譬如，当演讲发出这样一些音节："九月十一日九点左右，恐怖分子劫持两架飞机，撞击美国的国贸大厦，随着剧烈的爆炸声，立即燃起熊熊大火，不久，两座大楼轰然坍塌。"听了这段语言，当时在场的目击者和看过电视报道的人们，很自然地把当时惊心动魄的场景还原出来，即使是对这个事件一无所知的人，同样可以通过想象，生成一幅景象的。这就是语音的造型功能。

神，是指演讲者调动各种语音技巧，把演讲者的思想感情，特别感受与体验，通过声音表达出来，使语音具有潜在的慑服力和语境的感召力。《乐记》中写道："其哀心感者，其声噍以杀；其乐心感者，其声啴以缓；其喜心感者，其声发以散；其怒心感者，其声粗以厉。"这就是说，演讲者的思想感情、情绪感受全都可以通过语音传导出来。正因为如此，听众才能凭借语音领悟到演讲者的神韵。

第一节　呼吸与发声

气乃声之源。韩愈在《答李翊书》中，用比喻的方式，早就把呼吸与发声的关系说得十分清楚，他说："气，水也；言，浮物也。水大而物之浮者大小毕浮。气之与言犹是也，气盛则言之长短与声之高下皆宜。"这就是说，语音的质量，在很大程度上取决于呼吸技巧的运用。

一、呼吸的方法

不同方法的呼吸，所获得的语音效果显然不同。

（一）口腔呼吸

双唇微张，软腭抬起，舌根降低，喉咙和声带下移，深呼吸，储于腹内，腹肌支撑。这种方法吸气量大，气息长，以口腔共鸣为主，但气流不强，不适宜发高音，常用于快说。

（二）鼻腔呼吸

张开鼻翼，用上鼻吸气，眼眉上挑，双唇闭拢，舌尖抵住上齿龈，口腔肌肉放松，气息储在胸腔，像闻花香似的。鼻腔吸的气，具有一定的湿度和温度，能够滋润喉咙，保护声带。同时由于呼吸均匀，有利于掩饰语音修饰的痕迹，但气流量小，频率低。

（三）口鼻呼吸

打开口腔和鼻腔，肌肉放松，自然挺胸，两肋张开，收小腹，提气于腰，快速吸气，让气流在腰部后两侧找到支撑点，小腹提气，形成三角支撑的感觉。呼气时，气流有节制地缓缓吐出，形成内外对抗。这样呼吸，吸气深，气息足，气流由于受到了控制，发出的声音才具有表现力。下面的口诀对于掌握这种呼吸方法的要领有所帮助。

吸气切记要放松，气沉丹田稳如钟；

胸腹张作圆筒状，气柱生根筒底中；

呼气徐徐如抽丝，丹田紧拉要硬功。

（四）补气

补气也叫“偷气”。演讲者情绪激昂，语速特别快，演讲达到高潮常常需要大量气流加强语势，演讲者又不可能有大的停顿来换气，怎么办呢？有经验的演讲者通常的方法就是边讲边吸气，刹那间用口和鼻同时吸入少量气息作为补充，这就是“偷气”。“偷气”的要领是不让听众觉察，在“偷”的一瞬间，速度要快，还要避免发出摩擦音。

二、共鸣

要发出洪亮、圆润、悦耳的声音，发声必须经过共鸣。

气息是发声的原动力，也是共鸣的基础。气流从肺部上升到喉头冲击声带发出的声音是很微弱的，只有经过喉腔、咽腔、口腔、鼻腔的共鸣，才能扩大音量，美化音色。

要获得理想的声音质量，就必须使喉腔、咽腔、口腔、鼻腔共同协调工作。

喉腔，是人体的第一个共鸣器官，如果被挤扁，声音就会“横”出来，如果夹紧，声音就会拔高、单薄。喉腔的形状变化，对声音质量有很大的影响。

咽腔，这是声音的制造场，也是人体最主要的、最灵活多变的共鸣体，对共鸣有重要影响。

鼻腔，它的共鸣是由腔内空气振动和骨骼的传导产生的，对高音的共鸣起很大作用。

胸腔，随着声音的高低变化，胸部会感到有一个较为集中的响点。这一“胸腔响点”沿着胸骨的上下移动产生胸腔的振动，由这种振动造成的共鸣可以使音量扩大，声音浑厚有力。

演讲中，人们主要运用的是以口腔为主，中、低、高三腔共鸣的方式。中音共鸣区是口腔共鸣，它是硬腭、软腭以下，胸腔以上的各种共鸣体。低音共鸣区主要是胸腔共鸣。高音共鸣区主要是鼻腔共鸣，它是硬腭、软腭以上的共鸣体。

演讲是以口腔共鸣为主，以胸腔共鸣为基础，略带一点鼻腔共鸣。用这样的共鸣方式发出的声音，既丰满圆润，宏亮浑厚，又朴实自然，清晰真切。演讲者对于共鸣的要求不及艺术语言工作者那么高。

三、吐字归音

吐字归音是我国传统说唱艺术理论中在咬字方法上运用的一个术语。它把一个音节的发音过程分成出字、立字和归音三个阶段。出字是指声母和韵头（介音）的发音过程。立字是指韵腹（主要元音）的发音过程。归音是指声带发音的收尾（韵尾）过程。也就是说要控制发声器官的位置和肌肉的松紧，使每个字的字头、字腹、字尾都发得清晰完整。

每个音节都由字头、字腹、字尾三个部分组成。字头，是指音节的声母或者声母的支介音“i”、“u”、“ü”的结合所组成的开头部分。例如“讲”，它的字头就是“ji”。字腹，就是一个音节的主要元音，“讲”的字腹就是“ɑ”。字尾就是一个音节中的韵尾，“讲”的字尾就是“-ng”。发音要饱满，其要领是：咬紧字头，延长字腹，收准字尾。

咬紧字头，是发音的第一关。就是在发音时调动发音部位的肌肉，形成气流的封闭状态。由于肌肉紧张度增加，也就造成了气流压力的增大，这时再突然放开封闭，使气流喷涌而出，即可形成很有分量的字头。

延长字腹，是指在整个音节的发音过程中字腹的时值最大。

字腹主要是由元音担任的，是最响亮的部分。也就是说，要尽可能缩短字头、字尾这些不太响亮的部分所占的时间比例，使最响亮的部分尽可能多占时间，这样，整个音节的响亮程度自然就提高了。

收准字尾，这是音准的需要，例如“讲”的字尾是“-ng”，如果不收，“讲”就变成了“假”。字尾往往不响亮，收长了，就影响字音的响亮，故收尾时应尽可能缩短些。

第二节 节奏起伏

演讲具有听觉美，这种美均衡和谐。造成这种美主要是高低起伏的节奏，而构成节奏的因素是重音、停顿、速度和抑扬。因此，演讲者恰当地处理好这些因素，就成了一种很重要的技巧。

一、重音

在演讲中，演讲者为了表达某种情感，常常将有的字词、句子作特别清晰充足的发音。

重音分为语法重音（亦称结构重音)、强调重音（亦称情感重音)。语法重音是根据语法结构特点按照语法成分的主次自然形成的，而且有规律可寻，一般是说明主语“怎么样了”的谓语，句中的修饰语，疑问句中的疑问代词、转折连词、象声词、数量词等，都是重说。强调重音则是在特定的语言环境下突出句中的主要思想或强调句中的特殊感情需要而重说的。

语法重音和非语法重音的反差并不大。然而演讲中一旦强调某种意思，某种情感，某种心态，情况就大不一样了，不仅语法重音立即让位给强调重音，而且表达的意思十分突出，表达的情感也十分强烈。例如：

“李先生看见他了。”

按照语法重音，“他”是重音。但是，如果演讲者是针对别人不相信这个事实而说的，那么“李先生”无疑就会用重音说出。

强调重音的表达技巧是多种多样的。

(一) 加重音量

唇舌用力，加重音量，把需要突出的字词句子说得重一些，响一些。加重音量是一个完整的过程，即由弱转强，音量渐强，再由强转弱，音量渐减。音量前后有变化，层次分明，以弱显强，以强比弱，在对比中表现重音的效果。要达到这种效果，要特别注意下列技巧的把握：

音高要有节，高而不喊；

音低要有力，低而不散；

音高要轻声，轻而不浮；

音低要字沉，沉而不浊；

音量加大时，气要足而劲不拙；

音量减少时，声要虚而口有力。

(二) 拖长音节

就是把重音词语的字音，加上空拍，相对拖长。例如：

“李先生在昆明被暗杀，是李先生留给昆明的光荣，也是昆明人民的光——荣！”

(三) 一字一顿

用时间停顿的方式突出重音。运用这种技巧需要特别注意的是音节间停顿的时间要均匀，每个音节的音量要大致相当。例如：

正方：“我们说利必然出现，并没有说弊必然出现。”

反方：“弊是客——观——现——实。”

一字一顿，从容不迫，生动突出，收到了极好的效果。

（四）反转

即由快速转为慢速，由实声转为虚声，用这种方式表达重音。例如：

“说什么‘桃色事件’，说什么共产党杀共产党，无耻啊！无耻啊！”

前两句用轻飘的音调快说，后两句语速转慢，一句比一句慢，一句比一句重，充分表达了闻一多先生极度的鄙夷与愤怒。

二、停顿

停顿，既是生理需要，又是表达的必然要求。演讲者要换气，非有停顿不可。演讲者要断句，停顿是口头上的标点，停顿更是传导演讲者情感神韵的一种技巧。

停顿，有语法停顿、逻辑停顿、情感停顿、回味停顿四种。

语法停顿，是根据标点符号所做的长短适度的停顿。句号、问号、感叹号停顿的时间稍长。分号、破折号、冒号停顿的时间稍短。逗号、顿号停顿的时间更短。句与句之间的停顿长些，段与段之间的停顿更长。成分复杂的长句，通常在主语之后略作停顿，继续往下讲，同时还要注意句子成分之间的语意停顿。例如：

“难道他们/不想将母亲/从敌人手里救出来，/把母亲也装扮起来，/成为世界上/一个最出色，/最美丽，/最令人尊敬的母亲吗?”

只有一个修饰成分的句子，一般可以不停顿，修饰成分多的，离中心词远的可作停顿，连着中心词的成分可以不停顿。

逻辑停顿，为显示语意，突出停顿前后的词语，而不受标点约束的停顿。例如：

“我们不怕死，我们有牺牲精神！我们随时像李先生一样，前脚跨出大门，后脚就不准备再跨进大门！”（闻一多《最后一次

演讲》)

前两句是原因，后两句是结果，在表达这种因果之间的联系时，就需要一个较大的停顿。

情感停顿。这是依据演讲者的心理、情感、情绪所作的一种特别的停顿。这种停顿是为了渲染某种思想感情，或者使情绪转化自然，有意识地突然做出停顿处理。例如：

“平时我总是教育他们要了解社会，熟悉社会，面对眼前的事实，真正不了解社会，不熟悉社会的不是他们，而是我自己。”

最后一句，如果连着讲，就显得平淡，为了突出演讲者此时的羞愧感，就要在“而是”后面作一个停顿处理，而且还要把“我自己”作重音处理。

回味停顿，在句尾或段末所作的特意停顿。这种停顿是为了留给听众一个思考、体味、揣摩的余地。例如：

“朋友，如果让你选择一个您最喜欢的词，您选择哪一个呢？您可能会选择幸福，也可能会选择生活或者爱……但是，如果让我来选择，那我一定选择责任。”

最后一句，在“选择”之后作一个较大的停顿，然后再说出“责任”。因为作了停顿，才引起了听众的揣摩，增加了演讲中的交流感。这种技巧运用得恰当，还可以产生出幽默感，调动听众的情绪，起到控场的作用。在一次群众集会上，会议快结束时，最后一个发言者上台讲话，他开口便说：“今天我要讲很长的话——”话一出口，听众一愣，不少人发出叹息声。然而，在停顿一下后，紧接着说：“大家是不欢迎的。”场内顿时活跃了，爆发出掌声。“所以我只讲三句话。”又是一阵鼓掌。据说林肯演讲，常常在说出重要的话之前，收住话音，看听众一会，再把话说出来。这是演讲中的一种特别的技巧。

三、速度

速度是指演讲中的语速。演讲的快慢对于表情达意十分重要。一般兴奋、激动，语速加快；沉思、平静，语速变慢。演讲的语速是介于播音与报告之间，每分钟发出200个左右的音节。在这个基础上，再根据不同的演讲风格酌情增减。此外，每篇演讲的开头、高潮、结尾等各部分的语速也应有所不同，否则就会显得呆板，形成不了节奏。

四、抑扬

抑扬是指句子高低升降的变化，这种升降变化能表达不同的语气和不同的情感。

（一）上扬调

音由低而高，一般用来表达惊讶、反问、号召、鼓动，或意犹未尽等，以此来引起人们的注意。例如：

“我们现在提出知识化、专业化的更高要求，难道不是完全正确和必要的、完全符合历史发展的吗？”↗

这是反问句，用上扬调，增强语势，产生一种无可置辩的效果。

“马克思主义是永存的。让马克思伟大真理的光芒，永远照耀我们前进！”↗

用上扬调，表示号召和鼓动。

（二）下抑调

声音由高而低渐次下降，一般用来表示自信、肯定、祈使和话语结束等。例如：

“我们有这个信心，↗人民的力量是要胜利的，↘真理是永远存在的。”↘

坚定的信心，在下抑的语调中获得了充分的表达。

(三) 平直调

声音从头到尾比较平稳，变化不大。一般用来叙述、说明、解释，表达庄重、严肃、悲伤、冷漠等情绪。例如：

“列宁同志和我们永别时嘱咐我们要珍重党员这个伟大称号，并保持这个伟大称号的纯洁性。列宁同志，我们谨向您宣誓：我们一定要光荣地执行您的遗嘱!”↗

这段话语调平稳，变化不明显，平稳中表现了斯大林当时庄重肃穆的神情。这些语调的运用，必须以自己的真实情感为依托，而且还必须交替使用，才能显示演讲的抑扬顿挫，生动感人。千万不可矫揉造作，缺乏变化。

五、节奏的变化

因为重音、停顿、速度和抑扬的排列组合不同，演讲中便出现不同的节奏类型。

(一) 明快型

感情脉络平稳，语调变化小，语气平和，中速或稍慢，重音和停顿较少，多用于叙述一件事，说明一个理。例如：

有一位朋友对我说：玲玲，我有时觉得心里很空虚。我就请他和我一起学习。我说：我们要是学了知识，就会感到生活充实了。从此，这位朋友就一直坚持学习。1979 年他参了军，参加了对越自卫反击战。在战场上他写来这样一封信，说：玲玲，我现在在战场上给你写信，这儿硝烟弥漫，战友们都冲上去了，也有的战友倒下去。玲玲，我现在想得很多很多，我想我自己要是牺牲了没有什么，可是要被打成残废了怎么办呢?他说：你知道吗?这个时候我想起了你。我觉得你虽然残废了，但是你还坚持工作和学习，我要像你那样生活下去。结果，他在战场上勇猛作战，入了党，并且和他的战友们一起荣立了集体三等功，胜利地返回了祖国。

（摘自张海迪《在困难面前要做胜利者》）

这是一段典型的明快型。叙述往事，虽然不能激动人心，但对张海迪来说，却使她感到十分欣慰。在演讲时，只能采取语调变化不大，无明显的重音、停顿，中速加以表现。

（二）凝重型

抒发沉思、悲伤、激愤的情感所使用的一种节奏，是一种抒情性演讲。例如，当张海迪讲到曾经因失望而自杀的时候，她就是用这种节奏方式处理的，她说：

有一次，我趁爸爸、妈妈上班的时候，收拾好东西，给爸爸、妈妈写了一封遗书。我在遗书中说："亲爱的爸爸、妈妈，女儿就要离开你们了。当我就要离开你们的时候，我心里是多么难过。我是一个热爱生活的姑娘，活着是多么的好，可是疾病使我失去了创造美好生活的权利。虽然我有病，但是，我不愿做这沸腾生活的旁观者。我愿像别人一样，做一个社会主义建设者。爸爸、妈妈，请你们原谅我，原谅我。我永远也不会忘记跟你们生活的那些岁月。我吞服了大量的安眠药，并且还给自己打了冬眠灵。我躺在床上，静静地等待离开这个世界。"

这是一段揪心的自白，因而节奏缓慢，语气厚实，音调低沉，语速较慢，停顿和重音较多。非此，既不能充分表达演讲者彼时彼刻的心情，又不能激发听众的情感。

（三）激昂型

抒发激昂、喜悦、愤怒、紧张等多种情感时所使用的一种节奏。语调高扬，大起大落，语速快，节奏流畅，音色明亮，重音与停顿较多。例如，《高山下的花环》中雷军长战地讲话，就是极好的范例。

> 我们的大炮就要万炮齐鸣，我们的装甲车就要隆隆开进！我们的千军万马就要杀敌！就要去拼命！就要去流血！可刚才，有那么个神通广大的贵妇人，她竟有本事从几千里之外，把电话要到我这前沿指挥所。她来电话干吗？她来电话要我给她的儿子开后门，让我关照她儿子！奶奶娘！走后门，她竟敢走到我这流血牺牲的战场上！我在电话里把她臭骂了一顿！我雷某不管她是天老爷的夫人，还是地老爷的太太。走后门，谁敢把后门走到我流血牺牲的战场上，没二话，我雷某要让他儿子第一个扛上炸药包，去炸碉堡！去炸碉堡！

义正词严，掷地有声。前面几句，急骤、强音，有雷霆之势。接着叙述事态，中速、低音，再加上停顿，激昂压抑。从“奶奶娘”开始，到“还是地老爷的太太”，由低而高，由慢而快，愤怒至极。“走后门”之后几句，停顿，由低而高，渐次升高，斩钉截铁，怒不可遏，一泻无余。轻重、快慢、高低交错，长句、短句，骈散结合，在极为强烈的节奏中，完整地表现了当代军人的气质与气魄。

这样三种类型的节奏，既可以作为整篇演讲的基调，又可以交替使用，灵活多变，但必须以演讲者的情感为依托。

第三节　变声传神

演讲中，为了增强语音的表现力，造成生动感人的效果，演讲者常常使用某些特殊的发音技巧。

当声音发生一定变化时，称其为变音。演讲中常用的变音有拟声、拖腔、气音、喷口、颤音等。

一、拟声

演讲者有时因为表达的需要，必须转叙别人的说话，有时还需要模拟各种声音，如风声、雷声、海涛声、狗叫声等，这是一种声色的变形。例如，蔡朝东《理解之歌》演讲词，有这样一段话：

由于初上战场，没有经验，还在埋头看书，突然听到一位战士叫了起来："炮弹！"随即一把将我往战壕里推，我们稀里哗啦就进了壕沟，当时是跳下来还是滚下来的，我也记不清了，只知道趴在战壕里不敢动。就听到空气撕裂的声音"刷——咣"，震耳欲聋的爆炸声，紧接着整个阵地都在摇晃，大概一两秒钟以后，噼里啪啦的，石块泥巴打在身上，等身上挨了几下后，才反应过来应该进洞啊！

因为模拟了炸弹的爆炸声和石块泥土的飞溅声，才增强了描述战斗的逼真感。

拟声的作用，在于通过对各种声音的模拟，帮助听众推想声源，进而产生形象感。运用这个原理，演讲中只要降低舌位，放松肌肉，使声音变得苍老，就可以使听众知道这是模拟老人讲话；将发音器官的肌肉绷紧，舌位推前升高，从发出的明亮的声音中，使人想到这是模拟小孩的说话。

拟声不是表演，不追求逼真，只求会意。例如，演讲中要转述这样几句话：

步话机里团首长命令的话音刚落，连长便喊了起来：小王，冲锋号！同志们冲啊！

战场上，这种情形是十分壮观的，连长喊出的这几句话的音量是很大的。但作为演讲，演讲者如果在台上同样按连长当时的情景声嘶力竭地大声吼叫，不仅会破坏演讲的整体效果，甚至还会使听众觉得滑稽可笑。正确的处理方法应是适当压抑，用略带夸张的声音表现当时的情景就行了。

因此，保持演讲者语音的本色，这是演讲中模拟声音要特别注意的，否则就破坏了语音语调的协调统一。

二、拖腔

拖腔是字尾的一种超长发音。为了某种表达效果的需要，不强调字头而强调字尾，让字尾延长一定的时间，就形成了拖腔。

请注意下列三例。

例一　“他为什么总那么说，我琢磨来琢磨去，难道——这话中还有话?”

例二　“天气冷了，我不知道柔石在那里有被褥不?我们是有的。洋铁碗可曾收到了没有?……但忽然得到一个可靠的消息，说柔石和其他的人，已于2月7日夜或8日晨，在龙华警备司令部被枪毙了，他身上中了10弹。

原来如此!……”

例三　“他把自己的力量投入了美好的事业——教育。”

例一中，在“难道”处用拖腔，表明说话者进入一种沉思状态，他在仔细琢磨；例二中，“原来如此”，应该用拖腔处理，一字一顿，要特别突出“此”字，这样才能充分表现鲁迅先生的激愤之情；例三中，“教育”也是用拖腔处理的，既起到了书面语破折号的作用，又留给听众回味的余地。

总之，演讲中恰当地使用拖腔，可以渲染缠绵的感情，沉思的状态，还可以表现深沉的内心矛盾，但不可以乱用，更不可故意拖腔拖调。有的人常常用这种方式来显示自己的身份地位，教训别人，这是十分恶劣，也是十分庸俗的。

三、气音

气音，是控制声门的发音技巧。用这种方式发出来的声音类似耳语，语音中夹带着呼吸声。使用气音，可以描绘耳语，可以表现软弱无力，或者特别激动、特别劳累、特别紧张的神情。例如：

在小曹地区的战斗中，一位战友身上连中三弹，昏倒在地。当他醒来时仍然坚持战斗，不料飞来一颗手榴弹，把他的小腹炸开，肠子“哗”地流了出来，落了一地，这时他随手捡来敌人的烂钢盔，用左手抓起粘满泥和血的肠子塞进肚子里，用钢盔卡住，用子弹带扎紧，一米、两米、三米……他继续向前爬了10米远，打出最后30发子弹。

这个事迹曾经感动过多少人！除了英雄的举动感人之外，同时与演讲者恰当的表达不无关系，其中就使用了气音。这种气音的使用，不仅表达演讲者对英雄无可抑制的崇敬的感情，同时也恰如其分地表现了英雄顽强拼搏的毅力。

气音不可滥用。为此，演讲时话筒不可靠得太近，带有呼吸声的语音，声音发虚，使人感到虚假。

四、喷口

喷口，这种发音技巧源于戏剧，发音时把字头（即声母）发得特别有力，声音突然喷发出来。

运用喷口，可以使字音响亮有力，传送很远，更主要的是可以渲染愤怒、激昂的情绪，加强气势。声母是用塞音送气的，如p、t、k，喷口的效果尤为明显。例如：

"我们看，光明就在眼前，而现在正是黎明前那个最黑暗的时刻。我们有力量打破这个黑暗，争到光明，我们的光明，就是反动派的末日！"

"贪，是万恶之源！"

"看你横行到几时！"

上述带点的字词，用喷口发音，产生的效果特别强烈。

五、颤音

颤音，是由声门的开放与阻塞急速交替而造成语音的不稳定的一种变音技巧。这种表达技巧，通常是在演讲者异常激动或者十分悲痛时使用的。例如：

看看我们脚下这片大地吧！这才是我们自己的土地！她给予我们的是太多太多，而我们给予她的却是太少太少，她的贫乏是我的不是，你的不是，他的不是……当我们明白了这一点，我们就会扑倒在她的怀里，深情地喊一声"妈妈"，又怎么舍得离开她呢？

带波浪线的词语，演讲者都用了颤音，从而表达了对祖国母亲的一片深情，加强了感染力。

在这一章里，我们既说了一般的发声技巧，同时又讲了一些特殊技巧。两者相辅相成，但侧重点还在于基本技巧的熟练掌握与运用。俗话说，"熟能生巧"，"巧"是建立在基本技巧的熟练基础上的机智灵活的运用。

技巧实践

一、基本技巧体验

（一）想象你突然受到某种惊吓，倒抽一口冷气，这就在极短的时间内完成了吸气动作。保持这个状态，再一点点放松，就能体会出这时支持呼吸的腹肌部位。

（二）想象，面前有一盆花，你凑近去深深一闻。在做这个闻的慢动作时，胸部向前向上抬起，肋肌、腰肌向四周扩张。突然停住，保持这个状态，然后运用小腹的收缩，慢慢把气呼出。反复练习，就能找到内外对抗的感觉。

（三）设想咬一个大苹果，或者打一个呵欠，这时，我们的口腔、咽腔都随之扩大，整个发声通道畅通无阻，口盖抬起并收缩为拱形，舌头放松，喉头处于吸气的位置。保持在这个位置上发声，就可以得到最大限度的共鸣。

（四）模拟汽笛长鸣声 di——，或者鞭炮声 pi-li-pa-la，体会声束冲击硬腭前部的感觉，这样就可以体会到口腔的共鸣。

（五）双唇练习：一是双唇阻住气流，然后突然放开，爆发出 b 或 p 音。二是双唇紧闭，用力撅嘴，嘴角后拉，交替进行。三是双唇紧闭，撮起、向上、向下、向左、向右交替进行。四是双唇紧闭，左转 360 度，右转 360 度，交替进行。

（六）舌的练习：一是刮舌面，舌尖抵住下齿背，舌中中线部位用力，用上门齿刮舌面，将嘴撑开。二是舌尖与上齿龈用力接触，突然打开，爆发 d、t 音。三是舌根用力抵住软腭，阻住气流，突然打开，爆发出 g、k 音。四是紧闭双唇，舌尖顶住左右内颊，交替进行；再紧闭双唇，舌在唇齿之间左右环绕，交替进行；舌尖左右立起，交替进行。五是弹舌，用舌尖连续弹上齿，使舌部放松，灵活。

（七）说绕口令：

——三山撑四水，四水绕三山，三山四水春常在，四水三山好村庄。

——天津和北京，京津两个音。一个是前鼻音，一个是后鼻音。你要分不清，请你注意听。

——石榴树，结樱桃，杨柳树上结辣椒。吹着鼓，打着号，抬着大车拉着轿。木头沉水底，石头水上漂，小鸡叼了个饿老鹰，老鼠捉了个大花猫，说的都是颠倒话，你说可笑不可笑。

二、演练

仔细阅读并体味闻一多先生的《在鲁迅逝世九周年纪念会的演讲》，完成下列几步练习。

（一）重新设计全篇的语音、语调、语速，并在原文中作出下列标识：

重音用●，停顿用‖，快速用＝，慢速用＿，上扬调用↗，下抑调用↙，平直调用→，拟声用○，拖腔用～，气音用＊，喷口用△，颤音用〰。

（二）熟记之后，按标识，模仿闻一多先生演讲。

附录：

在鲁迅逝世九周年纪念会的演讲

闻一多

（1945 年 10 月 19 日）

有些人死去，尽管闹得十分排场，过了没有几天，就悄悄地随着时间一道消逝了，很快被人遗忘了。有的人死去，尽管生前受到很不公平的待遇，但时间越过的久，形象却越加光辉，他的声名却越来越伟大。我想，我们大家都会同意，鲁迅是经受得住时间考验的一位光辉伟大的人物。因为他对中华民族的文化事业留下了宝贵的遗产。他是中国历史上最伟大的文学家。

鲁迅生前所处的环境异常危险，他是一个被“通缉”的“罪犯”！但是他无所畏惧，本着一分热，发一分光的精神，他勇敢、坚决地做他自己认为应该做的事，在文化战线上打着旗冲锋陷阵，难怪有的人为什么那么恨他！

鲁迅在日本留学，住在十里洋场的上海，他和洋人，和大官打过不少交道。但他对帝国主义，对买办大亨，对当权人物，没有丝毫的奴颜媚骨，宁可流亡受苦，也不妥协。鲁迅之所以伟大，之所以能写出那么多伟大的作品，和他这种高尚的人格是分不开的，学习鲁迅，我想先得学习他这种高尚的人格。

有的人不喜欢鲁迅，也不让别人喜欢，因为嫌他说话讨厌，所以不准提鲁迅的名字，也有人不喜欢鲁迅，倒愿意常常提到鲁迅的名字，是为了骂鲁迅。因为，据说当时一旦鲁迅回骂就可以出名。现在，也可以对某些人表明自己的“忠诚”。前者可谓之反动，后者只好叫做无耻了。其实，反动和无耻本来就是分不开的。

除了这样两种人，也还有一种自命清高的人，就像我自己这样的一批人。从前我们住在北平，我们有一些自称“京派”的学者先生，看不起鲁迅，说他是“海派”。就是没有跟着骂的人，反正也是不把“海派”放在眼上的。现在我向鲁迅忏悔：鲁迅对，我们错了！当鲁迅受苦受害的时候，我们都正在享福，当时我们如果都有鲁迅那样的骨头，哪怕只有一点，中国也不至于这样了。

骂过鲁迅或者看不起鲁迅的人，应该好好想想，我们自命清高，实际上是做了帮闲帮凶！如今，把国家弄到这步田地，实在感到痛心！现在，不是又有人在说什么闻××在搞政治了，在和搞政治的人来往啦，以为这样就能把人吓住，不敢搞了，不敢来往了。可是时代不同了，我们有了鲁迅这样的好榜样，还怕什么？纪念鲁迅，我想应该正是这样。

三、实践

自己写篇千字左右的演讲稿，仔细酝酿，对通篇作出语音、语调、语速的处理，并登台发表演讲。

第二章　态势技巧

演讲不仅需要言词声音，还需要辅之以动作表情。这种通过面部表情、体态、手势进行思想感情交流和信息传播的手段，便称之为态势语言，亦称体态语、无声语言、非语言信息。

态势语言具有丰富的表现力，美国心理学家艾伯特·梅拉比安曾提出一个公式：

冲击力 1 = 0.07 × 言辞 + 0.38 × 声音 + 0.55 × 面部表情

演讲的态势语言是经过加工提炼的，既符合言语交际的规范，又具有一定的审美感。人的各种姿态，仔细研究起来，有的是遗传的，具有生物学意义，保留着人类远祖进化过程中的痕迹，譬如，愤怒时咬牙切齿，摩拳擦掌，有的则出于心理本能，譬如，难过时捶胸顿足，揪头发，有的则是因为人的行为定势，无意识做出来的，具有很大的随意性。这一切都是自然状态的态势，并非演讲的态势语言。演讲的态势语言是在自然状态的态势基础上经过加工提炼而成的，具有表情达意的功能，还具有很高的审美价值，正如斯坦尼斯拉夫斯基所说："无须根据天性本身的原则来训练演员的声音和身体。这需要做一番艰苦的、有系统的和长期的工作。我号召你们从今天就开始来做。要不这样做，我们的体现器就会显得过于粗糙，不能胜任指定给它的那种细致工作。"他虽然是对戏剧演员说的，但同样也适用于演讲者。

朱光潜先生说："人生本来就是一种广义的艺术。"人的态势自然包含在这种艺术之中。

演讲的态势语言可以辅助有声语言的完满表达和情感的充分抒发。

态势语言可以对重要句子、重要词语作出强化处理，具有强调功能。

"言之不足，故手之舞之足之蹈之。"这就是说，态势语言可以把有声语言不便说、说不出的意思充分表达出来，表达未尽之意，具有取代和补充功能。

有声语言有声而无形，诉诸听觉；态势语言无声而有形，诉诸视觉。两者结合，互为补充，相得益彰，具有优化功能。

演讲的态势语言是一个系统，它由头部语言、面部语言、眉目语言、手势语言和体态语言几个部分构成，各个部分协调合作、互相配合，具有很强的技巧性。

第一节　头部语言

头部是演讲者形象主体，是听众目光焦点。

头要正，目光亲切自然，发声方向略高于视平线，这是对演讲者头部最基本的要求。但是，在不同的语言情境中，演讲者的头部却呈现出不同的形态。

一、正位

面部正对听众，不要频繁晃动，目光落在会场中部的听众脸上。这种形态多用于陈述性演讲，表达比较平稳的感情，显得庄重严肃。这是演讲中一种最基本的造型，也是变化其他类型的基点。

二、侧位

侧位的最佳角度是满侧，即由正面向左或向右满侧35度左右。这样，既能让侧面的听众看到脸部的正面，又能使其他方位的听众看到脸部的大部分。

侧位打破了正位的严肃、单调的造型，给听众一种优雅感。

询问性、疑惑性的语言和表情，多配合侧位动作。

三、仰位

头部向上仰起，可微仰，可昂仰，还可偏仰，但所表示的意义各不相同。一般来说，微仰表示思考和停顿，昂仰表示情绪激动，偏仰表示呼唤与憧憬。

恰当的仰头，也可以给听众一种生动感。

第二节　面部语言

俗话说，出门观天色，进门观脸色。察颜观色，看脸色行事。这就是说，人的面部可以反映出内心变化和情绪。如气愤时，血管收缩，脸色苍白；激动时血管扩张，脸色涨红；高兴时笑逐颜开；得意时容光焕发；失意时满脸阴沉。心理专家指出，人的心灵的每一个活动都表现在他的脸上，刻画得很清晰，很明显。

因此，演讲者在演讲时面部应该表情丰富，通过积极的调节、控制，使面部表情准确地、自然地、恰当地体现自己丰富的感情，使听众便于领会。

一、面部语言分类

面部语言，可以是抒情性的，还可以是示意性的。

抒情性的，是将演讲者各种心理活动和情绪变化，外化为面部的肌肉活动和神色的变化。例如，口角向上，脸色和悦红润，纹路顺当，这是高兴；口角向下，嘴唇或紧闭或张大，脸色阴郁或苍白，纹路板滞，这是悲痛和厌恶；咬住下唇，这是忍耐；咬牙切齿，这是仇恨，如此等等。

示意性的面部语言，即面对听众所作的各种表情。例如，当听众鼓掌或发出善意的笑声时，演讲者微笑颔首；明白了听众的要求时，嘴角两边的肌肉均匀拉开，溢出微笑；向主持人点头、挥手，以示谢意，等等。

二、笑与哭

笑，在面部语言中，是一种特别值得提倡的。笑是一种特别有效的交流与交际的工具。不管演讲者的心情如何，态度怎样，有何倾向，只要他笑，不管他是怎样笑，是何种笑，听众都可立即读懂这种语言，并且受到感染。笑是愉悦的，是获得友谊，取得信任，融洽关系，化解窘态的重要手段；笑也是一种武器，它可以“把屠夫的凶残化为一笑”，对胆大妄为的人还是一种制裁。

笑是千姿百态的，有微笑、大笑、狂笑、欢笑、苦笑、嘲笑、狞笑、奸笑、真笑、假笑、嬉笑、皮笑肉不笑，等等。不同的笑，显示着不同的思想态度，情感心态，产生不同的效果。有人曾对笑的情态作出这样的归类与评价：

最愉快的笑是有说有笑；

最高兴的笑是开怀大笑；

最幽默的笑是别人笑而自己不笑；

最痴呆的笑是莫名其妙地跟着别人笑；
最自豪的笑是哈哈大笑；
最美丽的笑是微微一笑；
最有情味的笑是回头一笑；
最遗憾的笑是哭中带笑；
最委屈的笑是苦中痴笑；
最没意思的笑是不笑装笑；
最难为情的笑是掩面而笑；
最使人不高兴的笑是嘲笑；
最使人摸不透的笑是假笑；
最阴险的笑是皮笑肉不笑；
最可怕的笑是奸笑和狞笑；
最难听的笑是狂笑；
最残酷的笑是冷笑；
……

演讲者在演讲中一般应面带微笑。微笑是美好感情的自然流露。真诚的微笑，不仅表明自己有教养、有信心，同时也表明对听众的友善与信赖。除此之外，还要在演讲中不失时机地制造笑的语境。最能引人发笑的是幽默。幽默本身就是笑的艺术。幽默之所以能引发笑声，是演讲者把社会生活中的不协调、矛盾的、反常的、违反常规常理的、可笑的，甚至是可鄙的事物加以集中，并通过谐趣的手段加以表现，从而使听众产生心理扑空，因为心理扑空，便产生心理刺激，因为心理刺激，于是笑声勃起。这种笑声是最彻底的，在使听众获得极大的愉悦感的同时，对社会生活中丑、恶、假的现象的否定也是最彻底的。

与笑相反，哭也是一种语言。俗话说，人不伤心泪不流。讲到悲伤处、凄惨处，演讲者常常痛苦不堪，泪流满面，泣不成声，台下的听众也同样潸然泪下，低声抽泣。

笑与哭，这两种语言是最明确的，效果也是显然的。在演讲中使用这两种语言，第一，感情要真实，不能做作，否则将弄巧成拙，第二，要把握好语境，并且要善于渲染，第三，要善于控制。譬如笑，演讲者自己觉得好笑，听众却不知道是怎么一回事，自己先笑起来了，或者事先就宣布如何如何好笑，这样做，听众往往笑不起来。哭也是一样，演讲者在台上痛哭流涕，虽然有时也能获得台下听众某种同情，但常常因为只是受到表层的情态感染，而缺乏心灵的震撼，而且形象也不美，破坏了演讲的协调性。正确的做法应是：

含泪不掉泪，能哭不出声；

有笑不大笑，可笑反不笑。

第三节　眉目语言

人体用来发射信息的所有部分中，眉眼是最主要的部分，可以传递最细致的感情。达·芬奇说："眼睛是心灵的窗户。"我国两千多年前的孟子对这点说得更精辟、更具体，他说："存乎仁者，莫良乎眸子，眸子不能掩其恶。胸中正则眸子瞭焉，胸中不正则眸子眊焉。"（《孟子·离娄下》）罗真人在《冰鉴浅注·神骨章》中写道："一身精神，注乎两目。"据现代科学统计，利用目光，人类就能交换几千种信息。由此可见，眼睛一方面具有反映深层次信息的功能，另一方面，透过眼睛又能窥视别人的内心世界。因此，演讲者恰当地使用眉目语言，既有助于思想感情的表达，还有利于相互理解与合作。

上台演讲，两眼应该向下平视，目光自然、亲切、专注。

巧妙地使用眉目语言，这是一种艺术。

有经验的演讲者是怎样运用眉目语言的呢？

一、环视

环视，即演讲者有意识地环顾全场的每个听众，从左至右，从前到后，从听众的各种神态中了解和掌握现场的情况与情绪。

演讲者一上台，就环视全场，戏剧中叫“亮相”。其作用有三：一是向听众打招呼，这是对观众的尊重；二是体验听众情绪，感受场内的氛围，便于把握演讲的方式与重点；三是静场。演讲中也常常会出现环视。这往往是讲完一个内容或一个层次，尤其讲完某些重要内容或某个重要观点，演讲者常常会环视全场，甚至还作短暂的停顿。这种环视，实际上是一种短暂的现场调查，目的在于检验演讲的效果，以便及时调整自己演讲的方式与演讲内容。如果听众点头，面带微笑，甚至鼓掌，这是认同，是鼓励；如果听众摇头，甚至发出唏嘘声，这是不认同，是反对，需要演讲者立即采取补救措施，或者更正，或者说明，或者改变一种说法；如果听众情绪呆滞，甚至木然，这是没听懂，不理解，需要进一步说清楚，需要采取更通俗的方式表达；如果听众无精打采，交头接耳，注意力不集中，这是对演讲内容和演讲方式都不感兴趣，不愿听，需要改变话题和演讲方式。如此等等，演讲中的环境都是十分必要的。

二、点视

点视，就是把目光集中投向某一角落，某一局部，或者个别听众，并配合一定的手势或表情。这是一种最有实效、最有内涵的眉目语言。譬如有的听众面带微笑，频频点头，甚至情不自禁地鼓掌喝彩，演讲者向他投出一丝亲切的目光，这是表示赞许、感谢；有的听众轻轻摇头，甚至还在嘀咕什么，演讲者在作了某种调整以后，再盯一眼，这是表示征询、探讨；有时会场的某一角，某一个局部听众发出议论声，甚至有骚动，演讲者立即把目光投过去，这是表示调整和制止。

三、虚视

虚视，亦即虚眼。演讲者的目光在全场不断扫视，好像是看着每个听众，实际上谁也没看，只是为了造成演讲者与听众之间的一种交流感，弥补因为环视和点视而可能使部分听众感觉受到冷落的缺陷。

在演讲过程中，演讲者总是把实眼与虚眼交替使用。环视与点视是实眼，看得很实在，看得清清楚楚；虚眼，是似看非看，甚至什么也没看，只是一种神态。虽然这两种眼神都可以造成交流感，但实眼更具体，更真切，更能表现为演讲者与听众之间的直接交流。虚眼只是给听众造成一种感觉，好像演讲者是在看着自己说话，其实是演讲者的一种掩饰，或掩饰胆怯，或掩饰紧张的思维。使用实眼要短暂，尤其是使用点视，总是盯着人看，容易使被看的人不好意思。

除了以上示意性的眉目语言之外，还有一类表情性的眉目语言。前者在于沟通，即沟通演讲者与听众之间的情感、情绪与心理，迅速形成息息相通的交流；后者重在表现，即表现演讲者的思想感情、情绪态度，加强表现力。演讲者讲到兴奋处，神采飞扬，目光炯炯有神；讲到哀伤处，眼皮下垂，眼神呆滞；讲到激愤之处，两眼圆睁，双眉倒竖；表达鄙夷之情时，则眉毛下挂，眼光斜视，等等。这些眉目语言还常常与其他的态势语言配合使用，一旦配合，表现力就更加强烈了，视觉形象也更加鲜明。例如："这些无耻的东西，不知他们是怎么想法？他们的心理是什么？他们的心是怎样长的？"说这几句话时，闻一多先生昂头斜视，显示出一种极为蔑视的神情，同时还重重地捶桌子，表示了极大的愤慨，由此而铸成了一尊大义凛然的形象。正如黑格尔在

《美学》中所论述的那样："不但是身体的形状、面容、姿态和姿势，就是行动和事迹，语言和声音以及它们在不同生活中的千变万化，全部可以由艺术化成眼睛。人们从眼睛里可以认识到无限自由的心灵。"

除了演讲之外，社交活动中眉目语言同样显得很重要。与人谈话，视线应该接触对方的面部，接触的时间一般占全部谈话时间的 30%～60%。若超过这个平均值，就表明对听话者本人比对谈话内容更感兴趣；若低于这个平均值，就表明对谈话内容和谈话者都不怎么感兴趣。

根据不同的关系，目光分为亲密注视、社交注视和严肃注视三种类型。

亲密注视。视线停留在对方两眼与胸部之间的倒三角区域，叫近亲密注视；视线停留在对方两眼与裆部之间的倒三角区域，叫远亲密注视。这两种注视都表明对对方很亲热，很有兴趣，只是后者更甚。

社交注视，视线停留在对方两眼与嘴唇之间的倒三角区域。这是社交场所最常见的视线交流的位置。

严肃注视，视线停留在对方前额一个假定的倒三角区域。这种注视能造成严肃气氛，使对方觉得有很严肃很正经的话要说，还能使自己保持主动。

社交谈话中，巧妙地运用眉目语言常常可以收到一些特殊效果，这是一种社交手段，也是一种社交艺术。

与人谈话，可以看对方，也可以不看对方，看与不看，什么时候看，可根据谈话内容、谈话环境与气氛而定。有时有意避开对方的目光，滔滔不绝地说下去，这是为了不让对方打断话题，要充分地把自己的意见表达清楚；有时抬起头来看对方一眼，这是希望对方表明态度，作出反应；有时谈话停顿了，但不看对方，这表明说话的思路还没中断，暂时思考一下，还要继续往下说。如果再配合一定的手势，常常可以有效地控制对方。

第四节 手势语言

手是很能说话的，手的动作灵巧，开合自然。人们在说话时，常常做出各种手势。手势都有一定的心理依据，法国心理学家格·吉毕什和莫·弗尔维尔格指出："手势是人体中枢调节器官的某次调节动作过程的'反映'，同时还是这次调节动作过程的'外衣'。"动于衷，形于外，手势是表达心理活动，表达思想感情，传导信息的。据统计，手势与表情结合，可以传导演讲信息的40%。法国艺术家罗丹说："没有灵敏的手，最强烈的感情也是瘫痪的。"几乎所有的演讲者都有自己独特的手势语言。据林肯的朋友赫思登说，林肯演讲时，那瘦长的右手指自然地充满着动人的力量，他的思想情绪完全关注在那里。为了表现欢乐情绪，他把手臂举成50度的角，手掌向上，好像已抓住了他渴望的喜悦。列宁演讲的手势却是另外一种情况："他时而踮起脚来，把一只手臂有力地伸向前方；时而俯视面对他的千万群众，有力地向下摊开双手；时而猛然抓起帽子，时而有力地紧握拳头……"从这些手势中，充分体现了他们的个性，把他们的思想情感、情绪态度表现得淋漓尽致。

手势语言虽然是表情达意，传播信息的重要工具，虽然也能像语言文字一样富有很强的表现力，但毕竟是一种无声语言，是一种非语言信息，手势只有在人类活动和生活中使用语言、进行语言交际的基础上才能被理解，只能是口语表达的辅助手段。手势只能是在说话人说出某句话，而这句话需要增强表现力的一瞬间才作出来的，如描摹性的象形手势，说"圆圆的鸡蛋"，便将双手拇指与食指合成一个圆形，说"方方的一张桌子"，便平行伸出两手，横一下、纵一下做出方的形状等等。

手势是指从肩部到指尖的各种动作，包括手臂、肘、腕、掌、指的各种协调动作。手势所表达的意义，是由手势活动的范围、方向、幅度、形状几方面来决定的。

一、手势活动的范围

手势活动的范围不同，所表达的意义是不一样的。手势大体在三个区间活动。肩部以上为上区手势，表示积极向上，激昂慷慨。例如，讲到激动处，演讲者常常双手向上举，甚至挥动拳头。肩部到腹部为中区手势，表示客观冷静。例如，叙述一件事，分析一个理，演讲者的手势常常在胸前出现。腹部以下为下区手势，表示鄙夷、厌恶、决裂。例如，当讲到："我们一定要与一切没落的、腐朽的、反动的封建势力和封建思想彻底决裂!"演讲者会做出一个往下劈的手势。

二、手势活动的方向

手势活动的方向不同，意义也大相径庭。一般说来，向内、向上的手势，意味着肯定、赞同、号召、鼓励、希望、充满信心，是积极的手势；向外、向下的手势，意味着否定、拒绝、制止、终止、摒弃、冷漠，是消极的手势。例如，同样是搓手，朝上搓，可能是摩拳擦掌，急不可待，往下搓，则可能是局促不安，不好意思。同样是举起两个手掌，掌心向内，往内缩，这是表示向我靠拢，注意我，掌心向前，往外摊，则意味着拒绝、回避。

三、手势活动的幅度

手势活动的幅度大小与演讲者的感情、语势有着很大的关系。幅度大，表示强烈；幅度小，表示平和。手臂不动，是小幅度；手臂挥动，甚至还带动全身，双手挥舞，这是大幅度。一般说来，演讲者大幅度的手势不宜过多，只能偶尔使用；太多，“手之舞之足之蹈之”，像个疯子，会破坏协调美，甚至还会引人发笑。

四、手势活动的形状

由手指和手掌构成各种不同的手形，即手势活动的形状。演讲中，更精细、更确定的定义，常常是通过各种手形来表现的。俗话说，“十指连心”，在手的动作中，手指和手掌是最敏锐、最灵活的部分，因而表意性最强。

演讲中最常见的手形有以下几类：

一是指法，由手指构成不同的形状。

食指点：伸直食指，向上或向下，起强调作用，强调话题所涉及的人和物；向前指，指听众中的某个人，挑明话题，表明说话的针对性，带有一定的威胁性。

拇指翘：翘起大拇指，表示友好、赞许；向鼻前翘，是称道自我；向前或向后翘，是夸奖别人。

啄指：五指紧啄，构成两种手势：一是五指接触，啄成一团，向内，表示反复强调重点；二是指尖不接触，尖锐地对着听众，表明不是泛泛而谈，而是有某种针对性。

叉指：手指伸直叉开，可叉两指，也可叉三指或四指，一般都是表示数字，有时也表示摒弃。

抓指：五指僵硬地弯曲，呈抓状，表示力图控制全场，吸引听众。

二是掌法，由手掌运动的不同方向所构成的不同形状。

伸掌：五指合拢，手掌平伸。掌心向上，表示征求意见；掌心向下，表示要抑制和安定听众的情绪，制止某种行为的发生；掌心向前，表示回避；掌心向内，并向胸前缩拢或向外推，这是一种表示抚慰性的手势；掌心向上侧向外，即摊开双手，表示希望听众理解。

劈掌：手掌挺直展开，像一把斧子“嗖嗖”劈下，这是一种很果断的手势，表示要果断下决心解决急于解决的问题。

合掌：双手慢慢合拢，一只手搭在另一只手上，表明有必胜的把握。

三是拳法，这是由拳头运动的方式所构成的手势。

拳头向上摆动，这表明说话者的心情不允许听众持怀疑态度；拳头向上举，这是一种挑战性的动作，能给持不同观点的人以打击性的印象。

手势并没有什么统一的规定，也无须作专门的训练，只不过是人们在语言交流中，在大体相同的心理基础上所产生的大体相同的手的动作。手势也绝不止这么多，而且与其他部位协调动作，所表现的意义就更为广泛，更为丰富了。

手势不在多，在于简练，在于有表现力。简练是艺术的规律。手势是直接作用于听众的视觉，反复出现，很容易失去吸引力。一个人具有表现力的手势，也不会有很多，何况手势本身也只能是有声语言的辅助手段。手势再多也不能取代语言的表现力。因此，作为一个优秀的演讲者，既要注意培养和加强手势的表现力，又要适当控制手势，突出手势的个性。

手势还需要自然协调。符合演讲内容的需要，符合听众的文化心理需要，符合演讲者的身份和性格特征，恰如其分，和谐得体就是自然。与演讲者的表情配合，与有声语言同步，与其他动作一致，不生硬，不粗俗，不琐屑，这就是协调。自然协调是一种美。

第五节 体态语言

体态是由多种人体动作组成的一种相对稳定的身体形态，同样可以传导信息，表达思想情感。各种体态都有特定的含义。

人们在研究人体动作时发现，心理特征是很容易转化成人体特征的，也就是说，任何一种身体形态都是有一定心理的、情绪的、情感的依据。坐立不安，这是焦躁；正襟危坐，这是严肃认真；东张西望，这是心不在焉等等。美国学者朱利·法思特在《人体语言》一书中指出："一个懂得人体语言并善于应用人体语言的人，如果将他所了解的姿势同周围的人的感情联系起来，他将永远比对方胜过一筹，处于主动地位。"之所以能胜过一筹，就在于既能运用体态语言有效地表情达意，还能在体态语言中，窥视对方的心理奥秘。

体态语言除了具有传播信息，表达思想情感的功能之外，同时还具有直接的审美功能，塑造演讲者的自我形象。人们在渴求各种信息传播的同时，也在追求美的愉悦。在演讲活动中，这种美感愉悦更多的是从演讲者的仪容神采、行为举止中获得。事实证明，给予听众美感愉悦越多，演讲的效果就越好。

"坐有坐相，站有站相"，我们的祖先对体态与姿势的要求很严，常常把行为举止与个人的礼貌、教养联系在一起。"笑莫露齿，坐莫摇身"，"立如松，坐如钟，卧如弓，行如风"，"非礼勿视，非礼勿闻"等等。时至今日，这些古训虽然不必一一效法，但在演讲活动中，大体也应该有些规矩。毛泽东同志曾提倡过："以姿态助讲话。"

怎样使用体态语言呢？

演讲中的体态语言分站姿与坐姿两种。

一、站姿

演讲必须站着。在联合国的讲台上，不管是国家元首，还是政府要员，都一律站着讲话，还限制了时间，其他国际会议也大都如此。之所以这样规定，就在于：第一，表示对听众的尊重；第二，避免长篇大论，或埋头念稿子的毛病；第三，显示演讲者的精神风貌；第四，调节场内气氛。

演讲，应该以一种愉快轻松的心情走上讲台。站定之后，讲话之前，悄然提气收腹，这个局部动作会造成全身肌肉挺拔，振作精神的感觉，否则会使人感到有气无力。站立时身体不要靠在讲台上，身体的重心平均落在两个脚上，两脚自然分开，不超过肩的宽度，或一前一后站定。双手轻松自如地沿着身体两侧下垂，头部端正，声音发出的方向应该沿着嘴部的水平线而稍微向上。

这是演讲时最基本的站姿。

在演讲的实施过程中，演讲者不可能一直保持这种站姿。对于那些有演讲经验，技巧十分娴熟的演讲者来说，他们往往随着演讲的跌宕起伏，随着情感的变化，有时前进一步，有时又后退一步，有时踮脚，有时移步，一切都潇洒自如。

一般来说，向前移步，表示肯定、积极、期待、争取的意思；向后退步，表示否定、畏惧、消极的意思；踮脚，表示期望、召唤、探讨的意思；移步，表示沉思、胸有成竹的意思。

这些站姿一般都不会是单一的改变，常常与手势、面部表情、身体其他部位结合在一起，形成体态语言的节奏感，而且这种节奏又是与有声语言的节奏相吻合的，从而形成演讲的整体节奏。

这里顺便说说，社交中如何站着与人说话。

站着与人说话，要保持恰当的距离，不要随意侵入私人空间。每个人都需要一定的空间，并把这种空间随身带来带去，同时对侵入这种空间的行为作出各种反应。一个人究竟需要多大空间？在人际关系中，如何恰当地运用这种空间呢？美国西北大学人类学教授爱德华·T·赫尔博士在这方面作过专门的研究。赫尔把这些研究成果称之为“人际空间学”。他研究发现，人际交往中有四种空间：一是密切空间。远距离为 20~60 厘米，近距离就是真正的人体接触。这个空间多出现在谈情说爱或知心朋友交谈的时候。如果陌生人处在这个空间，就不要盯着别人看，否则就会引起别人的反感。二是人身空间。近距离为 60~90 厘米，远距离为 1~1.5 米。前者允许一定程度的亲密，是最舒适的人际空间，后者通常不是私人交往。如果不是很亲密的人，处在这个空间，就意味着他在献殷勤，或者对另一方特别有好感。三是社交空间。近距离为 1.5~2 米，这个空间适宜处理非私人事务，如洽谈生意，接见来访者等；远距离为 2~4 米，这个空间适宜正式的社交活动或商务活动。四是公共空间。近距离为 4~8 米，这个空间适宜不拘形式的会面，如教师给学生上课，上司与助手谈话；远距离为 8 米以上，这一般用于政治首脑人物在公共场所露面，处在这个距离具有安全感，也叫安全空间。

站着说话究竟要与对方保持多大的距离，应根据与对方的关系以及说话的内容，参照上述四种空间灵活掌握。

最后，还补充说明一点。端端正正站着演讲，这当然是很正确的姿势，但从人体审美的角度来说，这种站姿缺少变化，显得呆板。因此，有经验的演讲者更倾向于身体稍微侧一点，这样会使听众感到更灵活，更优雅一些。侧多少呢？心理学家梅拉比安说得十分精确：“身体的放松程度是一种传播行为。向后倾斜 10 度以上是极其放松；前倾约 12 度，向一边倾斜不到 10 度是较为自然的交往姿态。”

二、坐姿

坐着演讲的情况比较少，一般只出现在政治演讲、外交演讲、学术演讲、法庭演讲中。坐着讲话，大量出现在社交场所中。

坐着演讲的，因为有讲台作依托，只露出身体的上半部，比起站着演讲更自然，更易于把握。但同时也有不方便之处：一是不便充分发挥手势语言和其他体态语言的作用；二是缺乏动态感。

坐着演讲，应该坐端正，凳子不要坐得太满，坐在凳子的二分之一或三分之一处，不要靠背，胸脯不要靠在讲台上，两手自然地抚着演讲稿或桌面，抬起头，下身虽然有讲台遮掩，但两脚也应自然地平平地踏在地上，身子最好向左或向右稍侧一点。这样坐，既轻松自然，同时也不失优雅。

顺便说说社交的坐姿。

坐着和别人说话，以面正对对方，膝盖稍微侧向一方的姿势较为恰当，这种坐姿给人的感觉是机灵而文雅。正面对着别人坐着，就显得呆板，甚至觉得粗野。

坐姿有严肃坐姿和随意坐姿两种。

严肃坐姿，落座在座位的前半部，两腿垂直，两脚稳稳地落地，腰板挺直，两眼平视。这种坐姿表明说话双方都很认真，都很严肃，说明话题都很重要。

随意坐姿较为复杂。

深深坐入椅内，脚板挺直，是向对方表示有优越感，很自信。

坐在座位的前沿，上身前倾，身体重心落在双脚上，可能是谦恭，也可能是畏惧或紧张。

双腕交叉，目光固定在一个地方，头部微侧则意味着用心认真听，如果再出现掩嘴，或摸下巴，多属于以评判的审视态度在听取对方的讲话；目光不定，或不断改变坐姿，这就表明无心听对方的讲话，对讲话的内容或方式不感兴趣。

两人的腿呈八字形坐着，表明他们可容纳第三者进入他们的交谈；如果呈倒八字形坐着，这就构成了不欢迎别人进入他们谈话的封闭状态，同时也表明他们两个人的关系十分融洽友好。

各种坐姿如果与头、颈、背、腰、手、脚融合在一起，那么表达的意义就更为复杂丰富了。了解和掌握各种坐姿，不断矫正自己的不良姿势，可以加强表现力，增强审美感，尤其对于一个演讲者来说，还可以从听众的各种不同的坐姿中获得信息反馈，以便及时地调整自己的演讲内容和演讲方式，获得演讲的最佳效果。

第六节　仪表风度

在谈这个话题之前，我们不妨首先引用一段历史资料。据报载，1961 年初，在美国总统大选中，尼克松竟以 46.6% 对 49.9%的微弱选票差额败给了肯尼迪。当回顾尼克松这场败局时，人们特别提到 1960 年 9 月 26 日，尼克松与肯尼迪的一场决定性的电视辩论。在辩论的前不久，尼克松的膝盖被撞伤，体重减轻了 10 磅，辩论时他没有及时调整和更换衣服，衣服肥大，显得很松垮，加上没化妆，暗青色的两腮好似涂了胡须膏，在强烈的灯光下，眼窝周围形成了很深的阴影，再加上膝盖疼痛难忍。憔悴不堪，筋疲力尽，可怜巴巴，这便是尼克松在这场电视辩论中给人们的印象。这时的肯尼迪又是怎样的呢？他服饰雅致、整洁，经常的体育锻炼，使这位身高 6.1 英尺，体重 175 磅的肯尼迪显得特别健康结实，精神抖擞，器宇轩昂，风度翩翩。相形之下，人们对肯尼迪的印象比对尼克松要好多了。

政治舞台上的事，远不是学者们想象的那么回事，尼克松在这场政治角逐中的败北，同样并非尽如上述所致，但是也不可否定与此完全无关。英国心理学家雪莱·莱根曾在萨立斯特大学挑选了68名自愿参加实验的人，这些应试者的外貌、口才及理解判断能力都是无可挑剔的，然后让他们分别向四位过路的人寻求支持。实验的结果表明，比起那些仪表平平的对手，这些引人注目的应试者容易获得胜利。人们之所以认为尼克松与肯尼迪之间的胜负，与他们各自的仪表、风度有关，同样是源于这个道理。

演讲，的确要讲究仪表、风度。

什么是仪表？仪表就是容貌、姿色，包括长相、体型、身材及服饰等，主要是指演讲者的外部特征。

容貌，是天生的，无可改变，但可以修饰，可以化妆。譬如，选择适当的发型、描眉、施粉，根据体型、身材选择合适的服装等等。但演讲者的化妆，只能化淡妆，千万不可浓妆重抹，否则，就会使听众感觉失真，有矫揉造作之嫌。

服饰。俗话说，佛要金身，人要衣裳。演讲者的服饰是听众审美的一项重要内容。演讲者的服饰应该是整洁大方，庄重朴素，轻便自如，协调和谐，得体入时，因地制宜。西方把这一切总结为："TPO"衣着原则。"T"——Time，指时间，着装要注意时令与时代；"P"——Place，指场所、地点；"O"——Object，指目的、目标、对象。

风度，是指通过人的言谈、举止、仪表所体现出来的稳定的个人风格与气度。风度虽然同样是从外部特征表现出来的，却是个人的精神气质、文化修养、心理素质诸因素的外化。人们说"仪表端庄"，这是对行为举止最基本的要求。"风度翩翩"却是对行为举止更全面、更高的要求。比起仪表来，风度就显得更内在、更高雅，蕴涵更丰富。

英国哲学家培根说："行为是心灵的外衣。"精神充实，情趣高尚的人，必然举止大方，行为端庄，谈吐高雅。举世敬仰的周恩来总理，虽然为国为民呕心沥血，日理万机，但他一举手，一投足，一颦一笑，一蹙一展，却又是那么潇洒大方，给人留下深刻的印象。1954年，周总理与美国国务卿约翰·杜勒斯同时出席日内瓦会议，杜勒斯私下对记者说，他根本不想同周恩来会晤，“只有在我们汽车相撞的情况下，两人才会会晤”。事情就有那么巧，他们俩恰恰在会议厅不期而遇，周总理大大方方地伸出强有力的手，可杜勒斯却摇摇头，走出会场。这个细微的举动所表现出来的，究竟谁更有风度呢？杜勒斯无视中国的存在，看不到新中国强大的发展新趋势，只能说明他目光短浅。周总理恰恰体现了中国人民的大度与气魄。时隔18年，尼克松却以美国总统的身份来到了北京，在首都机场终于主动地向中国人民的总理周恩来伸出了手。当年周恩来这一伸手，是一个动作，却体现了一种君子风度。这一风度正是中国哲学和中国文化长期孕育的结果，也是他个人高尚的情操和豁达胸怀的外化。

两千多年前的孔子对这一点说得很具体，很精深，他说：“质胜文则野，文胜质则史，文质彬彬，然后君子。”（《论语·雍也》）这里的“质”是指内在素质，“文”是指外在表现。这意思是说：只注意内在素质而忽视外在表现，就会显得粗鲁、野蛮；只注重外在表现而忽视内在素质，就会导致浮华、迂阔；只有文质兼备，即内在美与外在美，精神充实与外貌风采完美的统一，才称得上君子风度。风度是不能装的，装是装不出来的，这是需要很深的“内功”的，“内功”需要长期的“修炼”。风度也不是虚幻的，不可琢磨的，它总是从具体的言谈、举止、仪表中表现出来，而且是以某种稳定的方式表现出来。作为一个优秀的演讲者，应该在内在的和外在的两个方面同时下功夫，具备一定的风度。演讲的风度，直接影响演讲的效果。“对于演讲家来说，善于保持风度，是他的首要禀赋，这样才可以左右听众。”

技巧实践

一、录像赏析

(一) 播放新加坡亚洲大专辩论赛《人性本善》的实况录像。

(二) 播放一段演讲录像。

(三) 播放一段电影或电视录像。

(四) 评析:

1. 在这些录像中，留给你印象最深的是哪些神情举止？为什么？

2. 在这些录像中，从服饰、站姿、坐姿、行姿、手势、眼神等的运用上，你觉得哪些还不够理想？怎样处理才更合适？

二、模仿

下面是新加坡亚洲大专辩论赛《人性本善》复旦大学代表队蒋昌健的总结陈辞。先背熟，再看这段陈辞的录像，仔细观察和琢磨他的每句话、每个动作、每个神态，然后，模仿蒋昌健演说这段陈辞。

谢谢各位。一个严肃的辩题需要一个严肃的概念。对方多次问我们人性怎么样？人性怎么样？始终没问我们人性本怎么样？我想请问对方，人性是什么和人性本是什么是同样一个概念吗？你们如果连这个概念都没有根本建立基础的话，那你们的立论从何而来呢？我们多次问对方善花里面如何结出恶果，对方说要浇水，要施肥呀。那我就不懂了，大家都承蒙着个阳光雨露的话，为何有那么多罪行横遍这个世界呢？难道这个水、那个肥还情有独钟吗？为何要跟恶人作一个潇洒的“吻别”呢？(掌声、笑声)

今天我们本着对真理的追求来同对方一起探讨这个千年探讨不完的话题，无论是从性善论的孟子也好，还是性恶论的荀子也好，又有哪一家哪一派不要我们抑恶扬善呢？抑恶扬善是我方今天确立主场的一个根本出发点。下面我再一次总结我方的观点。

第一，只有认识人性本恶，才能正视历史与现实。回顾历史的时候，我的内心总感到痛苦和颤抖。从希波战争到十字军东征，从希特勒的奥斯维辛集中营到日寇在华北的细菌试验场，真可谓是“色情与贪婪齐飞，野心共暴力一色”。以往人类的历史，可以说是交织着满足人类无限贪欲而展开的狼烟与铁血啊！可见，本恶的人性如果不加以控制的话，将会给这个世界带来什么呢？

第二，只有认识人性本恶，才能重视道德、法律转化的作用，才能重视人类文明引导的结果，培养健全而又向上的人格。在历史的坎坷当中，人类并没有自取灭亡。尤其是在面对彬彬有礼、亲切友善的新加坡朋友，我们更有理由相信，人类明天会更美好，这其中我们要感谢新加坡孜孜不倦地建立起他们优良的社会教化系统。人类文明是在人类智慧之光照耀下不断茁壮成长的。引水思源，借此我们要感谢那些在人类文明教化路途中洒尽他们含辛茹苦汗水的中西先哲们。正是因为从他们的理论智慧中，从他们的身体力行当中，人们才有可能从外在的强制走上理性的自约，自约人的本性恶，从而培养一个健全而又向善的人格。可是，人性本恶，并不意味着人终身成为恶，只要通过社会的教化系统就可以弃恶扬善，化性起伪啊！

第三，只有认识人性本恶，才能调动一切社会教化的手段来扬善避恶。光阴荏苒，逝者如斯，在物质和科学技术突飞猛进的同时，而人类的精神家园可谓是花果飘零。在这个时候，我们要警惕，人性本恶这个基本的命题。可喜的是，在东方的大地上，我们说传统文化的发扬光大，已经从一阳来复开始走向了新的春天。我们也相信，通过传统文化的精华，必将使人类从无节制的欲望中合理地扼制并加以引导，从他律走向自律，从执法走向立法，人类才可能挽狂涛于即倒，扶大厦于将倾。“黑夜给了我黑色的眼睛，而我却要用它来寻找光明！”谢谢各位！

三、自我训练

先写篇演讲稿，根据自己的实际精心设计演讲实施方案（包括发型、服饰、站姿、手势等），反复演练，再上台发表演讲。

将演讲摄像并播放出来。自己对照摄像纠正演讲中的不良之处。

附录：

演讲态势语阶梯训练法

王艺玲

有声语言和态势语言是演讲表达中的两个相辅相成的有机组成部分，虽有主、有次，但缺一不可。在演讲教学和训练中，有声语言作为主导，有章可循，且规范科学，行之有效，而态势语言则较为随意，讲内容、原则的多，讲方法的少，且不够规范。本文系态势语教学的总结，愿与大家共同探讨。

演讲态势语阶梯训练法训练模式如下图：

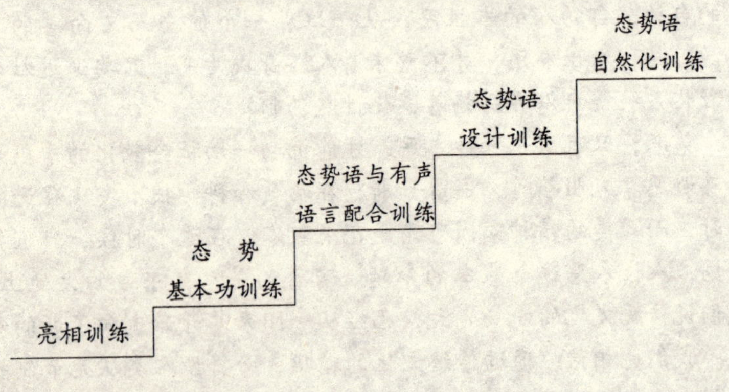

第一阶梯 亮相训练

亮相训练即演讲者上场后开口前的态势语训练。当演讲者一出场，未听其声，先见其人，演讲者个体即成为听众的审美对象，演讲者的亮相，对演讲者形象的树立，听众注意力的集中，情绪的调动等都起着重要作用。

目的：克服怯场心理，培养良好习惯。

内容：仪表、表情、走姿、鞠躬、环视、正视。

要求：仪表——服饰整洁、得体、适度淡妆。

表情——精神饱满、落落大方、从容镇静、面带微笑。

走姿——轻快、稳健，目视前方，上身略前倾。

站姿——抬头、挺胸、收腹，两臂自然垂于身体两侧。女性，丁字步；男性，平行分列步，前后错开步。

鞠躬——上身前倾45度，目视下方点头，然后抬头起身，目视听众。

正视——目视正前方，可集中看一个点，也可不聚焦某一点某一人，而是把听众作为一个整体来看。

环视——面带微笑，以诚挚的目光正视前方，以正视方向为起点，眼睛随头部摆向左方（或右方）45度，然后转向右方（或左方）45度。

方法：首先由学生根据要求对镜练习，然后假定某个地方为演讲会场，要求学生以演讲者的身份走上讲台，鞠躬行礼，环顾会场后正视前方，然后下场。由学生和老师给练习者找问题，要特别注意纠正由于紧张而导致的咳嗽、低头、摆体、抓耳挠腮、玩弄衣角等下意识的动作和不雅站姿。

第二阶梯 态势基本功训练

态势基本功训练即把态势语编成以手为主的态势操，像练舞蹈的基本功那样，让学生模仿练习。

演讲态势语本身有许多的约定俗成、为大家共同接受、有着固定含义的内容，如握拳表示决心、力量，双手或单手抚胸表示个人的心愿、想法、感受等等。这些都是态势基本功的基础。大部分学生艺术修养欠缺，演讲中的态势不美观、不大方，有的甚至滑稽可笑，还有学生追求表演化的倾向，这些都需纠正。因此，态势基本功可用最短的时间帮助学生掌握符合演讲要求的手势、动作，提高艺术修养。

目的：使学生尽快掌握常规手势、动作，树立学习的样板。

要求：每个学生能完整地做完态势操，动作规范，符合要求。

方法：态势操共分八节，每节二八呼，教师一节一节地教，第一步要求手势规范，第二步要求动作与面部表情、眼神、头部摆动协调一致，学生一节一节地“过关”。

第三阶梯　态势语与有声语言配合训练

态势语言与有声语言配合训练即将态势基本功用于演讲词的训练，将态势操中的手势、动作编入其中，让学生一边说一边做动作。

目的：将态势基本功用于演讲实践。

要求：动作自然、大方、适时，与表情、眼神、演讲词协调一致。

方法：学生首先背熟演讲词，然后将教师设计好的动作与演讲词配合起来对镜反复练习，最后，老师和同学共同评价是否合格，问题在哪里，如何改进。

例如，演讲词：“历史上真正成就伟大事业的人都把祖国的命运与自己的命运紧密联系在一起，在他们的胸怀里，始终跳动着一颗追求至真、至善、至美的爱国之心。”

在这一小段中教师设计了几个较为连贯的动作：说到“祖国的命运”时右手伸出，腹部略弯曲，头部随右手向右微转，眼睛注视右手指向的方向；说到“自己的命运”时同样将左手伸出；说到“紧密联系在一起”时，两手掌心向内合拢在一起；说到“他们的胸怀里”将合拢的双手分开，掌心向上；说到“爱国之心”时，两手收回，右手抚胸。学生依据老师设计的动作练习。

第四阶梯 态势语设计训练

态势语设计训练即学生根据演讲词自行设计态势语的训练。

学生掌握了基本功，又能在实践中运用，自行设计态势语有基础，有信心。

目的：让学生丢掉“拐棍”，学会根据自己的理解设计符合自身特点的态势语。

要求：态势语的设计必须有助于充分表达演讲内容；动作不拘泥于态势基本功，要富有个性。

方法：以教师指定或学生个人创作、自选的演讲词为内容，学生首先背熟演讲词，自行设计态势语，然后对镜自我练习，分组互相交流，教师指导，最后由各小组选派代表登台演讲，由学生和老师共同组成评判小组评分，并对其设计和现场表现给以评价。

第五阶梯 态势语自然化训练

态势语的自然化训练即将自觉的态势转化成自然态势的训练。

演讲注重表达个人的思想、感受，充满感情、个性，无论是有声语言还是态势语言都应发自肺腑，因而态势语的最高境界就是“天然去雕饰”，只有这样，演讲才会感人、动人，让人感受到演讲者的真心实意。

目的：使演讲态势语的训练产生质的飞跃，完成由自觉到自然这样一个过程，以达到阶梯训练的最终目的。

要求：态势语的运用适时、适度，不露设计痕迹；动作与表情、眼神协调一致，与演讲内容协调一致。注意纠正生硬、做作等毛病。

方法：第一，讲授态势语评判标准、方法。第二，欣赏高水平演讲（以放录像为基本方法），树立学习榜样。第三，观看一般性的比赛，重点是找态势语运用方面的问题。第四，指定或自选演讲词，学生背熟后自行设计动作，照镜练习，小组交流，教师指导。第五，学生以演讲者的身份登台演讲（并录像），教师考核定分，不合格者继续练习，直至合格为止。

态势语训练作为演讲课的重要组成部分，以课外练习为主，课堂训练指导为辅，其方法简便，效率较高，适合师范院校的演讲教学和一般的演讲培训班。

（摘自《演讲与口才》，1997年第6期）

第三章　写稿技巧

演讲稿是供演讲时使用的文稿，也叫演讲词，是一种重要的应用文体。

第一节　演讲稿的作用与特点

一、演讲稿的作用

有人认为，演讲之前不必写稿，担心有了讲稿后，会受讲稿的约束，影响临场发挥，导致照稿宣读或者背诵稿子的刻板效果，甚至还会脱离现场气氛而导致演讲失败。即使要准备，只需写个提纲，做几张卡片或打个腹稿就可以了。这种说法对于有丰富演讲经验的人而言，也许有一定道理，但对大多数人来说，尤其是初学演讲的人，演讲稿不仅是演讲的依据，也是提高演讲质量的关键，特别是对于各种演讲比赛和重要场合、重要会议的讲话来说，演讲稿更是必不可少。

（一）消除怯场心理，保证思路畅通

演讲不论是发表个人意见、主张，还是阐述道理、鼓动群众都需要有严谨的逻辑思维和清晰的语言表达。演讲稿的作用首先就在于能帮助理清思路，选好材料，并在演讲技巧和方法上有的放矢，对症下药，使演讲者在演讲的时候，心中有数，防止因怯场心理而产生思维中断或表达不完整的现象。

（二）限定时速，避免时间松紧失当

演讲一般有时间限制，无限地延长演讲时间会使听众厌烦，时间太短又不能达到预期的效果。有了演讲稿，演讲者可以根据稿子的字数计算演讲时间，限定演讲时速，并可以事先对内容进行增删，这就不至于出现“脚踩西瓜皮，滑到哪里算哪里”的现象，能在规定时间里完整、准确地表达自己的思想观点。

（三）提高语言表达能力，增强演讲效果

演讲主要是靠口头语言把演讲者的思想观点传达给听者。它不像书面语言那样，可以有充分的时间构思、反复推敲，因而常常会出现啰嗦、重复或用词不当等毛病，甚至还有许多习惯口头语，如“嗯、呀、这个、那个”等等。有演讲稿则可以避免这些不足，由于有时间斟酌字句，可以借鉴更多的语言手段，所以，一篇好的演讲稿，既具口头语言丰富灵活的特征，又具书面语言规范蕴藉的优点，同时还暗含一定的技巧与技艺性，可以获得更好的演讲效果。

二、演讲稿的特点

演讲稿有着和其他文体（尤其是散文）相类似的共同特点，但自身还有为适应演讲需要而存在的独特性。

（一）有声性

一般文章和演讲稿，虽然都是用书面语言表达，但一般文章是通过书面语言传播，讲究准确简练，华丽典雅，即使是深奥、艰涩的语句，读者在形象思维的作用下，也可经过再三玩味，达到最后理解，而演讲稿却要转化为有声语言去传播，即在写作时，首先要听到自己的声音，然后记录下来，物化于稿纸上，演讲时再外化成有声语言。因此，演讲稿要充分考虑有声语言的自然流畅、朗朗上口、生动悦耳的特点，要能够满足说得顺、听得懂的演讲要求。

（二）演示性

演讲除了“讲”之外，还要借助一定的表情动作来增强有声语言的表达效果。撰稿者在撰稿时要考虑并设计在什么时候用一句什么样的言辞才可能和相应的动作表情协调一致，这就是演讲稿的演示特点。当然，这种演示性不一定用文字来表示，但它应当暗含在字里行间，使演讲者在使用讲稿时会情不自禁根据言辞的暗示，做出相应的表情动作。

（三）可变性

演讲者在演讲时必须面对听众，为了提高演讲效果，不能不顾及听众的临场反应，并能够根据听众情绪或兴趣随时调整自己的演讲。因此演讲稿不像其他稿子那样一锤定音，不可更改。在思维形式、演讲内容、语言风格、技巧运用基本固定的前提下，演讲稿可以进行小范围的变化。例如，对不同的听众、不同的演讲环境，演讲的开头部分可以采用不同的话语；在论述论点时，也可有不同的例证；在不同的情况下，还可以对内容顺序进行前后调整或增删。

总之，演讲稿的写作，要突破一般文稿写作的思维定势，从演讲实际出发，不仅在构思和下笔时寻找现场感，而且还要考虑如何通过各种综合技巧来达到最后的演讲目的。脱离演讲稿的这些特点，写出来的稿子就是一般的文稿，就不可能满足演讲的需要。

第二节　标　题

人们常常把标题比做人的眼睛，一个好的标题能起画龙点睛的作用，它不仅能概括演讲内容，确定演讲的大致范围，而且还能激发听众的期望值。演讲稿的标题力求贴切、简明、醒目，不要空泛、冗长、深奥。

一、标题的类型

（一）提要型

这类标题能把演讲的核心内容简明扼要地提示出来，带有直露特点，让听众一听或者事先一看就对演讲内容、指向有大致了解，如《市场经济呼唤“诚信”》《坚定信仰、弘扬美德》《中国足球任重道远》等。

（二）象征型

这类标题运用比喻象征等修辞手法，把抽象的哲理或某种意义具体化、形象化，深入浅出地揭示题旨。如《光明的使者》的演讲者把电力比做“输送光明”的行业，以“光明的使者”来赞颂电力行业的一群年轻人。这一比喻生动贴切，耐人寻味。另外像《辛勤的蜜蜂》《培植生命的绿洲》等，都属于这种类型。

（三）设问型

这类标题通过设问形式揭示演讲所涉及的内容，而且演讲的内容就是对标题设问的回答，其中暗含演讲者立场。此类标题往往因问题的尖锐而引人注目，如《人才在哪里?》《米卢真的神奇吗?》《谁说败局已定?》等。

（四）启迪型

这类标题往往用含意深刻、富有意蕴的警句激起听众的警觉，带有明显的提醒、劝谏、鼓励、指示的意味，如《没有金钱并非万万不能》《人总是要有点精神的》等。

（五）抒情型

这类标题感情外露、思想鲜明，具有鼓动性和浓郁的感情色彩，如《为中国足球喝彩》《让长沙明天更美好》等。

（六）含蓄型

这类标题内容比较隐蔽，思想比较幽深，语词比较婉转，通常以暗示、烘托的手法表达某种深刻的内涵，如《走出困惑》《守望家园》。不过，一般来讲，这类标题更适合于文艺作品，如做演讲标题，最好是再加副标题。

（七）并列型

这类标题是把两个或两个以上的词语相提并论，同格安置，暗示演讲将围绕这几者之间的关系进行阐述，如《平凡的士兵，伟大的英雄》《人· 家·国》。

当然，标题类型绝不仅仅限于上述几种。大家可留心体会，仔细琢磨，只要能贴切表达文章内容又能以新奇制胜，给人留下深刻印象的，就是好标题。

第三节 主 题

叶圣陶曾说："一场演说，必须是一件独立的东西……用口说也好，用笔写文章也好，总得对准中心用功夫，总得说成功写成功一件独立的东西。不然，人家就会并不清楚你在说什么，写什么，因而你的目的就难以达到。"（转引王东成主编《新编写作学》第 386 页，高等教育出版社 1989 年）。撰写演讲稿，首先要考虑的核心问题是如何确立演讲的主题，也就是准备告诉听众一个什么思想观点，表达一种什么思想感情。它不仅决定演讲思想性的强弱，制约演讲材料的取舍，影响表达方式和艺术调度，而且主题选择是否恰当、有无价值、能否给听众留下深刻的印象，都会直接影响演讲的成败。

一、主题的要求

演讲主题要求鲜明、集中、新颖、深刻。

鲜明。这是指演讲不仅让观众知道你在说什么的问题，更重要的是，还要旗帜鲜明，让听众知道演讲者的立场、观点、态度。切忌似是而非、模棱两可、含含糊糊，虽讲得天花乱坠，但听众听完后一头雾水，不得要领。

集中，是指主题不要过于分散。一次演讲最好选择一点或一个方面，越集中，留给听众的印象越深刻，如果面面俱到，就很难把问题讲清楚。

新颖，是指见解独特、角度别致、题材新鲜，给人以耳目一新之感。尤其是演讲比赛，主办单位对内容会给予一定限制，比如，歌颂党、歌颂祖国、振兴中华、爱岗敬业、孝顺父母……在统一命题范围内，要特别考虑表达内容、引用材料以及角度视野的新颖。只有新颖才会对听众有诱惑力、有吸引力，才会引起听众的注意。

深刻。这是指演讲者的主张和见解能揭示事物的本质，能使听众获得思想启迪，甚至有醍醐灌顶、畅快淋漓之感，而不是人云亦云、老套重复，停留在表层认识上。

二、主题的确立

（一）体现时代精神，符合现实需要

演讲是一项目的性很强的社会实践活动，演讲者通过演讲发表意见、提出主张、宣传真理、激发情绪、鼓励民众，最终都是为了让大家投入到某项社会事业中，推动社会前进。因此要求演讲者站在时代制高点上，抓住社会生活中人们普遍关心和急需解决的问题来确立演讲主题，比如，当前思想政治方面的重大问

题、社会风气和道德修养问题、政府重大改革举措问题、与老百姓息息相关的生活问题、科学文化发展最新动态等等。演讲者要讲出时代感，讲出新意，要能对这些问题的历史、现状给予科学分析、正确阐释，以歌颂真理、澄清谬误为主体。无数实践证明，有强烈时代感和针对性强的演讲主题永远不会缺乏听众。

（二）发挥自己特长，具有真知灼见

演讲者对所讲的问题是否有独到见解和体会，这是衡量演讲稿质量高低的一个重要方面。因此，演讲主题最好不超出自己知识水平之外，要尽量根据自己的专业特点、熟悉的内容以及感兴趣的东西来确定主题，这样演讲者才容易讲深、讲透，讲出水平、讲出新意。假如选择的主题连你自己都不太熟悉，当然只可能人云亦云，生吞活剥，讲起来生硬呆板，力不从心。比如，讲“WTO与中国企业”，演讲者不但要对世贸组织规则比较熟悉，而且对中国企业情况和世界先进企业状况都有比较透彻的了解。这样才可能“底气”十足，才会提出比较中肯而有见地的指导性意见。所以，主题的确立不妨考虑“驾轻就熟”，不要选择自己不熟悉、不感兴趣、没有感悟的主题。

（三）契合听众心态，内容有的放矢

主题的确立还要考虑听众的接受心态。由于年龄、职业、民族、性别、文化教养、宗教信仰、生活环境不同，会造成接受心态的差异。演讲内容只有适应听众心理需求时，才能调动起听众的注意力，引起他们思想上的认同和感情上的共鸣。如果听众不能接受或不愿接受，哪怕你讲的主题是现实生活中需要的，哪怕你再有独特见解，都不可能达到预期效果。比如，《网络与文学》适合有一定水准的知识阶层；《如何防治心血管病》在中老年人那里很受欢迎，但青年学生未必感兴趣；《做自强自立的新时代女性》，显然在听众的性别上已做了考虑。

第四节　材　料

演讲稿的主题要建立在大量材料的基础上，通过合理的选用加工才能表达出来，为听众所理解。演讲是否吸引人、感动人，能否达到演讲目的，材料所起的作用是十分关键的。换言之，材料选用的好坏，直接影响着主题的表达。

一、获取材料的途径

获取材料的途径有两条：一是直接材料；二是间接材料。

直接材料。演讲者在日常生活中直接感知的材料，即演讲者亲自经历或见闻的，开头、结果、背景都一清二楚，这部分材料最生动、最具生命力。例如，英模代表先进事迹演讲，其中的感人故事绝大多数是演讲者在和英模的日常交流中直接获得的。

间接材料。这是演讲者从报纸、书籍、文献、广播、电视等传播媒体中获得的材料，包括理论、数据、事迹等等。这种材料虽比较容易获得，但需要作者以敏锐的洞察力进行思考、琢磨，从中发掘新意进行提炼。间接材料是演讲稿中更广泛的材料来源，可以弥补直接材料的不足，是获得演讲材料的一条捷径。

二、选择材料的原则

（一）最能表现主题的材料

选用材料，必须考虑材料能否有力地支持主题或为主题服务，否则，材料再生动、再感人，也不能选用到演讲中来。能够有力支持主题，为主题服务的材料包括演讲者受感动的材料、演讲者亲身实践证明了的材料、听众感兴趣的材料、具有说服力的数据材料、已成共识的结论性观点等等。

（二）具有针对性的材料

针对性包含两个方面的意思：首先是要针对不同类型的演讲选择材料。理性演讲应更注意说明问题，使用的材料就一定要真实、严谨、逻辑性强、有说服力；而抒情性演讲则要求具体、生动、具有感染力。其次，要针对听众的实际情况选取材料，做到“因人制宜”。比如，关于就业问题的演讲，用于大学生的材料就不一定适合于下岗工人，因为这两个群体在年龄、经历、心态、家庭状况、文化层次、就业要求上都有很大不同。

（三）选择真实的材料

演讲与文艺作品不同，它是一个“真实的社会活动过程”。它要求材料必须真实、准确、可靠，不能“道听途说 、合理虚构”。因为只有真实的材料才最有说服力，才能使听众产生共鸣，受到深刻的教育。倘若臆造和虚构材料，演讲的意义将完全消失，听众也有被愚弄的感觉。这里要避免两个毛病：一是在写先进人物模范事迹的材料里，随意夸大、拔高人物的思想境界，给人虚假或言过其实的感觉；二是在某些细节或数据上，事先缺乏严格检查、核对，导致张冠李戴，以讹传讹。

（四）选择新鲜有趣的材料

与一般文艺作品一样，演讲稿也要避免人云亦云，重复雷同，尤其是命题演讲，如果演讲使用的材料陈旧，或与前面演讲使用材料雷同，往往会让听众感到乏味，失去新奇感。新鲜有趣，其中包含一定的反常性，即材料出乎意料之外，却又在情理之中，这样的材料能激起听众的注意力，也能深化主题。

1998年4月，为庆祝百年校庆，北京大学（简称“北大”）举行首届大学生“演讲十佳”大赛，来自数学学院的殷俊同学以《另一只眼睛》为题的演讲，可谓独辟蹊径（全文见《演讲与口才》1998年第10期第45页）。文科生和理科生是北大的两只眼睛，角度不同，看到的却是同一个北大。作者用地理学、生态学、物理学、化学、相对论、统计学的知识“比喻”北大精神，用物质结构“比喻”北大精神的复杂性，用拷贝“比喻”在北大的学习，用病毒“比喻”北大的不良风气……用理科知识阐述北大精神，这本身就有一种反常意味，但作者的立意合“情”合“理”，因而给人耳目一新、趣味盎然的感觉。赛后，评委认为是“用他一个人的独特性实现了全场的多样性”，“内容战胜了形式，思想战胜了技巧”。可见，新鲜有趣的材料对于演讲的成功是多么重要。

第五节　情　理

演讲是情与理的有机融合，无情无以动人，而无理则无以服人。情与理互相交融、相得益彰。

一、抒情

“动人心者莫先乎情”。离开了感情，一切艺术都将变得苍白无力，演讲同样如此。没有演讲者的情感投入，就不会有听众的情感付出。要使演讲拥有艺术感染力，应做到真挚、适度。

真挚。我国著名演讲家李燕杰说得好：“在演讲和一切艺术活动中，惟真情，才能使人怒，惟真情，才能使人怜，惟真情，才能使人笑，惟真情，才能使人信服。”情感真挚的演讲，才能使听众产生强烈的情感共鸣。1963 年 8 月 28 日，美国黑人领袖马丁·路德·金在林肯纪念堂举行的和平大会上发表的《我有一个梦》的演讲便是一个突出的例子。在演讲中，他是以全部热血在呐喊，以整个生命在呼唤：反对种族歧视，要求种族平等。尤其是演讲的后半部分，作者运用五个“盼望着这一天”的排比，更是将这种真挚的情感抒发得淋漓尽致，深深地打动了每一个在场的人。

适度。这是指抒情要服从演讲的整体需要，该抒则抒，不该抒则不抒。有的人盲目追求“煽情”，在演讲中，不分主次，没有节制滥抒情，结果不仅不能引起听众的共鸣，反而还弄巧成拙，影响主题的表达。

一般说来，抒情与叙事、议论交融一体，体现在演讲整个过程中。

二、说理

演讲最终的目的是要向听众说明某个道理，或坚持某种真理，只有达到了这个目的，演讲才算是起到了鼓舞人、教育人、启迪人的作用。

（一）科学性

演讲是传播真、善、美，抨击假、恶、丑的有力武器，它把真理宣扬给人们，使人们明辨是非，感悟真理，进而为真理而斗争。所以，在写演讲稿时，必须考虑讲述道理和宣扬理论本身的科学性，绝不可信口开河，违背科学真谛，宣传谬误和反科学的东西。

（二）逻辑性

演讲稿不一定像论说文那样有严谨、周密的逻辑表述，但逻辑过程应该隐含在文本当中。这首先要求演讲稿的结构层次要符合逻辑，东一榔头西一棒子、颠三倒四，不仅很难把道理说清楚，而且还给人思维混乱、语无伦次的感觉；其次要求分析问题、讲述道理要有理有据，不可出现偷换概念、转移主题、自相矛盾、模棱两可、论据不足等现象。因此，写稿时要认真分析主题与材料之间的内在规律，研究说理的层次关系，或由浅入深、由表及里，或层层深入、环环相扣，使听众能明白无误地从理性上对演讲者的演讲有所认识。

（三）深刻性

这是以作者的思想水平和道德修养为前提的。深刻性主要集中在两点：一是理性升华。演讲往往是在夹叙夹议中进行的，要使说理深刻，就要把叙述、抒情推到一个认识的高度加以升华，这是演讲稿思想和精神的闪光点，只有通过升华，人们才可能从一件事、一段情中透视出对事物本质的认识。二是要有哲理性语句。这种句子容量大、力度大，富有丰富内涵和感召力，确有"立片言以居要"的作用，它往往融入了演讲者的体验感悟和真知灼见，可以对听众产生重大而深远的影响。

第六节　结　构

演讲稿的结构是指演讲者为了充分表达主题，把一些零散的、无序的材料按照事物发展的规律或演讲认识过程有机、巧妙地组织起来的框架。演讲稿的结构不要求复杂新奇，却要求考虑演讲的有声性和现场感，使之符合演讲特点，并取得好的演讲效果。

一、开场白

演讲的开场白在通篇演讲中起着非常重要的作用。开场白能沟通演讲者与听众的感情，集中听众的注意力，唤起听众的兴趣，从而使听众对演讲内容产生一种强烈的求知欲望，为演讲的成功开辟道路。如何设计和安排演讲的开场白？这主要取决于演讲的内容、环境和听众的情况，内容与环境的多样性决定了演讲开场白的多样性。

（一）提问式

高屋建瓴地提出一个或几个发人深思的问题，迅速唤起听众的兴趣和注意力，缩短演讲者与听众的距离，使两者的思想感情

得到迅速沟通。例如,《为了母亲》演讲稿的开头:

朋友,我想问问你,古往今来,在这个大千世界里,什么字最闪光?什么词最动人?

设问中的两个“最”字,有很强的吸引力和感染力,一下子就能引发听众的思维,激起他们浓厚的兴趣。

(二)叙事式

通过叙述生动感人的故事或重要事件,设置一种使听众关注的情境和氛围,造成悬念。例如,《平凡的士兵,伟大的英雄》演讲稿的开头:

当总书记走到一幅照片前,步伐放慢了,定睛看了看,他的眼睛湿润了。这是一幅珍贵的照片:宽阔的马路上人山人海,密密匝匝的人群簇拥着数不清的花圈,在前面一辆带斗的摩托车里,一个战士捧着雷锋同志的遗像……这幅照片,真实地记录了1962年8月17日雷锋同志公祭大会之后人民群众为他送葬时的感人情景。

一个普通士兵的死,为什么能引起这么大的震动,演讲者选用总书记对一幅照片关注的动人情景,设计出一种令人神往的氛围,一下了就制造出“伟大”与“平凡”之间的悬念,富有吸引力,引人深思。

(三)解题式

扼要解释题目的含义,揭示主题,并自然顺畅地转入正文的论述。例如,《辛勤的蜜蜂》的开头:

我叫辛勤,今年六十岁,退休前是云南省惟一的一张公开发行的少儿报——《蜜蜂报》的主编。在职期间,我走遍彩云之南的山山水水,采花酿蜜,被誉为辛勤的蜜蜂。如今职务已退，采花酿蜜的心态未退，我仍要做一只蜜蜂——一只终身辛勤的蜜蜂。

这种开头简明扼要，不仅说明了题目的含义，也揭示了演讲的主题，使听众一开始便对演讲内容有大致了解。

（四）抒情式

多用排比、比喻、拟人手段，意在渲染气氛，以情感人，使观众迅速受到感染，注意聆听演讲的内容。例如，《精神的力量》是歌颂电业工人的一篇演讲稿，它的开头是这样：

当你漫步在杨柳依依、景色宜人的江畔，当你走在大街欣赏变幻莫测的霓虹灯，当你守在电视机旁领略世界各地的迷人风光，当你坐在岳麓山顶，欣赏这座城市美丽的夜景时，朋友，您想到什么？爱人、孩子、团聚的亲人？可是，您想到过吗？或许就在您眼前波涛汹涌的江面上，或许，就在你脚下又臭又脏的水道里，或许就在山顶那高高的铁塔上，是我们正在紧张作业的一个个电业工人，正是他们用那一双双布满老茧的大手，才托起这一片光明和希望……

这段开头，用一连串的排比，创造了诗一般的意境，听众很容易受到情绪感染。

（五）示物式

通过实物展示，首先给听众一个直观印象，然后借助具体实物，引出演讲内容。如《如椽巨笔写春秋》演讲稿的开头：

当我走上演讲台的时候，大家可能注意到我手里拿的这支毛笔。这是一支看起来很普通的，却是不寻常的，和鲁迅先生有关的笔。朋友们一定很想知道它的来历。

这种开头很自然地给观众留下悬念。演讲者以此为线索引出笔的主人公、我国著名学者姜亮夫先生，并展开对他一生勤奋爱国事迹的叙说。笔，在这里不是作为道具而是作为实物展现，真实具体，能够激发观众的联想，并容易与演讲者一起进入到特定的追思、回忆情境中。

二、主体

主体是演讲稿的主干。要使演讲的观点站得住，立得牢，除了做到内容充实丰满外，还要处理好观点与材料的关系，做到结构合理，层次清楚。演讲稿的结构与一般文稿结构相比，既有共同遵循的原则，也有不同于一般文稿的独立特征。

（一）安排结构

撰写演讲稿，安排层次的过程，实际上就是对所选材料进行归类的过程。与普通文稿一样，演讲稿要根据客观事物内部联系的特征和共性来合理安排层次，理清脉络。事件一般有产生、发展、高潮等几个阶段，问题一般有提出、分析和解决几个过程，人物有成长变化的历史，场景有空间方位等等，主体部分的层次安排要分别服从这些规律，或以时空为序，或以逻辑线索为序，以认识过程为序。常见的有以下几种层次安排：

1. 排列法

即把要演讲的几个问题依次排列起来，一环扣一环地阐述主题，从各个侧面来证明主题。

2. 总分法

即先总后分，提出主张和观点，然后分开论述。

3. 递进法

即分论点或段落，按由浅入深的方式，层层推进，最后水到渠成，阐明主题。

4. 对比法

即在分论点与分论点之间，段落与段落间形成正反对照，使听众从两种事物的不同或对立中明辨是非，认识中心论点的正确性。

这几种结构安排的基本方法不是孤立的、机械的，可以根据具体情况灵活运用。实际上，主体结构的安排不仅仅是个技巧问题，同时也是演讲者对客观事物认识水平的反映。只有思想观点清楚、连贯、严密，才可能安排好层次。因此，我们平时还应该注意训练自己的思维能力，增强思维的逻辑性，这应该是任何文体写作的人都必须具有的素质。

（二）体现结构

由于演讲稿以有声语言为载体，不可能像其他文稿可以采用小标题、空行等形式分段分层，必须依靠听众的听觉，使听众感觉到演讲层次清楚、段落分明，因此常常会采用排比段、过渡句等有声语言作提示。

例如，《平凡的士兵，伟大的英雄》这篇演讲稿，主要讲叙雷锋同志的先进模范事迹，以说明雷锋的一生是不平凡的一生，是为人民服务的一生，雷锋精神永远活在人民心中。在主体部分，每个段落都有一个相同的领头句，形成排比：

在送葬的队伍里，有来自他家乡的亲人。他们怎能忘记……

在送葬的队伍里，有来自鞍钢和乡长岭矿的工人。他们怎能忘记……

在送葬的队伍里，还有部队的首长和战士。他们怎能忘记……

在送葬的队伍里，还有那建设街小学和本溪路小学的孩子们。他们怎能忘记……

在送葬的队伍里，还有许许多多的人。是啊，人们怎能忘记……

这篇稿子虽人物事例众多，但由于采用排比段的方式建立起鲜明的有声语言标志，听众自然感觉到结构分明，层次清楚，脉络清晰。

从一层意思转换到另一层意思的“过渡”同样也要靠有声语言作标志。最常见的是用口语化的语言“搭桥”。比如用“当然”、“不错”、“的确如此”、“毫无疑问”等很朴实的语言顺接上文，引出下文，从而完成内容上的转换。此外，用设问、名言导渡也是演讲稿常用的过渡技巧。

例如，《人总是要有点精神的》这篇演讲稿，主要介绍全国十大杰出工人——湘潭钢铁公司艾爱国的先进事迹。当介绍完艾爱国勤于学习、勇于钻研的精神后，演讲者引用了一句名言：“哲人说：人生最大的快乐，莫过于做到别人认为你做不到的事。艾劳模的价值就正在于此，他做了别人做不到的，还敢做洋人做不到的事。”自然转入到首钢空分设备焊接，德国专家指挥失败，艾爱国却以双人双面焊一举成功事迹的叙述上。“还记得湘乡啤酒厂钢锅焊接单方国际赛吗?”演讲者一句设问，又巧妙地将艾爱国事迹转向另一个场景。整篇演讲前后连贯，自然天成，丝毫没有接榫之痕。

（三）组织高潮

“文似看山不喜平”，演讲同样如此。成功的演讲总能掀起几次高潮，使演讲达到“快者掀髯，愤者扼腕，悲者掩泣，羡者色飞”的出神入化的佳境。演讲高潮是演讲者和听众感情最激昂，精神最振奋的地方。听众为之欢呼、为之鼓掌、为之雀跃是高潮；听众为之哭泣、为之悲恸，乃至沉默同样是高潮。怎样设计高潮呢？李燕杰同志曾做过较为精辟的论述。他说：“一次演讲，怎样达到高潮？这需要演讲者在感情上一步一步地抓住听众，在理论上一步一步地说服听众，在内容上一步一步地吸引听众，使听众的内心激情逐渐地燃烧起来，演讲将自然推向高潮。”（《演讲美学》）李燕杰同志在这里所说的“一步一步”正是我们在结构、层次安排方面所应考虑到的，表面上看，高潮产生于现场，实际上与写稿过程中作者的精心设计、巧妙安排分不开。感人的事例、恰当的议论、深刻的哲理、生动的语言、真挚的情感、得体的动作都可能使听众产生兴奋点，关键是和谐统一，恰到好处。

有一篇题为《生命之泉的绿色卫士》的演讲稿，讲述一位科技工作者克服重重困难，研究投资少、见效快的排污技术，最后获得成功。当听众为主人公的成功感到欢欣时，演讲者不失时机地转入到另一个深沉而充满哲理的话题：

在采访陆总时，我曾问他：“在您治理污染过程中，感触最深的是什么？”沉吟片刻，陆总给我讲了一个故事：最近，世界环保组织发出了一艘船，周游世界列国宣传环保。船驶至菲律宾时，一个因环境污染而患上血液绝症的小姑娘一定要上船，当时这个9岁的小姑娘已虚弱得站立不住了，她的妈妈为她恳求说：“她已经等你们很久了，在她的生命里，痛苦远多于快乐，就给她一段快乐时光吧。”几天后，望着澄澈湛蓝的大海，小姑娘在船上微笑着走进了一个洁净美好的世界。说到这儿，陆总感慨万分：“世界上还有很多水源污染严重，我们科技工作者要做的事还很多很多。你说，我们能让后代只有在天堂里才能拥有洁净的自然吗？20世纪是石油的时代，21世纪将是水的时代！任何人都不能糟蹋这宝贵的资源哪。”是啊，那纯洁而美的水，是人类

> 的生命之泉。绿色卫士陆懋筠以他那不可动摇的忠诚，为我们，为世界，为后代捍卫着神圣的生命之泉！

这感人肺腑的故事和议论，不仅表现了主人公崇高的思想境界，也为听众创造了一个动人的意境。“21世纪将是水的时代！”这声音振聋发聩，令人激动，引人沉思，演讲就这样在不知不觉中推向了高潮。

三、结尾

结尾是演讲稿的自然收束，即通常所说的结束语，虽处于演讲末尾，但作用不可忽视。一般来讲，一个好的演讲结尾应该符合两个要求：一是能全面概括演讲的中心思想，二是能使听众加深印象。常见的结尾方法有以下五种。

（一）总结式

扼要地总结演讲内容，能起到提醒、强调作用，给听众留下完整的印象。演讲稿《光明的天使》是这样结尾的：

> 我们长沙电业局营业站这群青年们，就是这样用诚心铺就大道，用热心点燃火炬，用真心编织花环，在输送光明，播撒幸福的窗口，描绘出一道道绚烂的彩虹，用青春的激情塑造出新时代电业工人崭新的形象——新时代光明的天使。

这个结尾充满激情，点化主旨，给观众留下清晰完整而又深刻的印象。

（二）号召式

以表决心、立誓言，或提希望、发号召结尾，激起听众感情波涛，给人以心志的激励。例如，演讲稿《让我们的明天更辉煌》的结尾：

奋进吧，同学们！我以我的深切体会忠告大家：把握好自己的脚步，去把困惑摧垮。扬起奋进的风帆，冲破世俗的堤坝。我们要用新的形象向社会宣告，我们职高生同样是时代的精华。为了这一切，同学们努力吧！

这个结尾热情洋溢，充满青春活力，号召职高生用自尊、自强的新形象战胜世俗偏见，迎接美好的明天，有强烈的鼓动性。

（三）抒情式

以抒情方式结尾，以激起听众心中感情的浪花，意犹未尽，给人以启迪。郭沫若的《科学的春天》即为典型一例：

春分刚刚过去，清明即将到来。“日出江花红胜火，春来江水绿如蓝”。这是革命的春天，这是人民的春天，这是科学的春天！让我们张开双臂，热烈地拥抱这个春天吧！

这个结尾热情奔放，以诗一般的热情语言激励人们向科学进军，拥抱科学的春天，情真意切，具有强烈的感染力。

（四）呼应式

结尾与开头呼应，使整篇演讲首尾圆合，结构完整。演讲稿《同一首歌》的作者是一位残疾人，演讲稿叙述了她作为中国残疾人艺术团的一员在台湾演出，两岸同胞血浓于水的亲情故事。演讲这样开头：

没有声音，一样可以歌唱，没有翅膀，一样可以飞翔。肢体虽然残缺，生命依旧归圆满。

我们用爱歌唱
我们用心飞翔
弦月、满月都是月
大陆、台湾紧相连。

叙述完自己亲历的故事后，演讲者在结尾激动地讲到：

我期盼：再次踏上祖国宝岛的那一天早日到来！我坚信：海峡两岸的亲人会再次唱响这首歌。

我们用爱歌唱
我们用心飞翔
弦月、满月都是月
大陆、台湾紧相连。

这篇稿子开头、结尾处处照应题目，首尾圆合，十分完整地表达了演讲主旨，且意味深长，有无限遐想空间。

（五）警言式

通过引用谚语、成语、格言、警句等方式结尾。这种结尾言简意明，内容充实丰满，具有哲理性与启发性。例如演讲稿《奋斗方得真潇洒》的结尾：

马克思曾说过："在科学的大道上是没有平坦大道可走的，只有那些在崎岖的道路上不畏艰险，勇于攀登的人，才有希望达到光辉的顶点。"而我今天则想说："在人生的道路上，是没有平坦大道可走的，只有面对磨难，勇于攀登，不停奋斗，才能获得真正潇洒的人生！"

青春少年当自强，奋斗方得真潇洒！让我们向着美好的明天努力奋斗吧！

这个结尾由马克思名言化为切合题旨的警句，铿锵有力，掷地有声，升华了主题，表达了青年一代的心声。

结尾还有很多方法，如祝贺式、余味式、幽默式等等，大家可以灵活运用。总之，结尾应该有一定深度，韵味深刻，能使听众情绪激动感奋，切忌虎头蛇尾或画蛇添足，要努力避免陈词俗套或语言干巴。

第七节 语 言

演讲是一门语言艺术。语言运用得好坏，对演讲稿影响很大。成功的演讲语言，既能准确清楚地阐述演讲者的思想感情，又具有美的感染力，能够形成演讲者和听众双方的审美共鸣和心灵呼应。把握好演讲语言特征对撰写演讲稿来说十分重要。

一、口语化

口语化是演讲语言的一大特点，也是演讲语言不同于其他书面语言的一个重要方面。书面语作用于人的视觉，读者阅读时可以不受限制地对较复杂的句式、较深邃艰涩的语言进行反复琢磨和咀嚼，直到彻底领悟为止；演讲则以声音为载体，口耳相传，具有稍纵即逝，一次过的特点，听众要当场理解，当场消化，当场受到感染和鼓动。因此，演讲所使用的语言必须是能听得进去，而且听了后就能明白，记在心里的。

先来看下面两段文字：

> 人类总是依据自身的利益评价外部事物，将之分成优劣好坏，而大自然则另有一套行为规范与准则。现在人们闻之色变的沙尘暴，即由于强烈的风将大量沙土卷起，造成空气混浊，能见度小于千米的风沙天气现象，其实古已有之。它本是雕塑大地外貌的自然景观之一，是大自然的一项工程，并且在全球生态平衡中占有一席之地。
>
> 如果我们只进行一般的经济贸易，那不加入 WTO 也可以，就像担着菜篮卖小菜的那种小贩，尽管市场在

那里，你也可以不进入市场，可以不遵守工商部门的规则，看到工商管理干部来了就跑。但如果要进入世界经济的主流，想把生意做大，卖肉、卖鸡、卖菜，你就要进入市场；要成为市场中有头有脸的人物，就得在市场里建一个铺面，就得遵守市场的规则，而且这个时候你不按规则办事也不行，跑也跑不了，跑了和尚跑不了庙。

前面一段是科普说明文《沙尘暴》中的文字，其中对于沙尘暴的解释，严谨周密，逻辑性强，人们阅读时可以反复分析琢磨，反复理解，但如果用于演讲，则不够通俗，听众一时半会很难听懂。后一段出自中国加入世贸组织首席谈判代表、外经贸副部长龙永图关于中国入世问题的讲话。中国为什么要加入"WTO"？遵守世贸规则又意味什么？如果用"世界经济一体化"、"全球贸易"等专业术语解释，一般平民百姓恐怕难以明白，但"市场"、"小商小贩"则是人们司空见惯、耳熟能详的，很通俗，加之"看到工商管理干部来了就跑"、做个"有头有脸的人物"非常生动形象，好听易懂，幽默风趣，大家一下子就记住了。

从以上两例比较中，我们可以看出演讲语言和书面语言是不同的。演讲稿提倡用口语化写作，是因为口语更生动活泼、幽默风趣、通俗易懂。当然，口语表达的局限也是显而易见的。比如：有些谐音字、同音字，在书面语中意思明确，一看就明白，但用口语表达，则可能引起误解和歧义。有这样两句话：

"前段时间书摊上性风作浪，有人借机大发横财。"

"热衷于赌博的人是得了爱资病。"

"性风作浪"、"爱资病"放在书面语中，自有妙趣，但用在演讲中，如果不加以解释，听众是不可能领悟到字面所包含的含义，仍然还是会理解为"兴风作浪"、"爱滋病"，听众听起来就会不明白:“赌博”与“爱滋病”有什么关系呢?所以,在要求演讲语言通俗易懂的同时,也应该要注意清楚明白,语言要尽量规范、准确。

二、艺术化

艺术化是对演讲语言口语化基础上的更高层次的要求。演讲口语不等于日常口语,日常口语没有经过任何加工修饰,随意性大,重复倒装很多,还有许多依赖语言环境才能理解的省略;而演讲口语条理性、逻辑性较强,语句比较整齐、规范,尤其为了增加演讲效果,还吸收了书面语言的长处,采用议论、抒情、描写等表达方式以及排比、对比、比喻、幽默、设问等修辞手段,所以,演讲语言又应该是一种经过加工了的、艺术化的、规范的口语。离开了这种艺术性,就只是一种谈话而不是演讲。例如:

> 我家那闺女,一点儿也不听话,风一阵,雨一阵的,昨晚回家,进门就耍了阵子脾气,她爸爸说了她两句,不但不听,反而吵得更凶了,唉,真拿她没办法。

又如:

> 为什么人们总是把祖国比作母亲呢?有人会说:“因为祖国用她的江河乳汁喂养了我们。”如果仅仅因为这样,那么,我们何尝不可以把祖国比作奶妈呢?还有人说:“祖国用她的山河怀抱抱大了我们。”如果仅仅因为这样,那么,我们何尝不可以把祖国比作保姆呢?但是,不管是“奶妈”、“保姆”,或者其他词,都反映不了我们对祖国深厚的感情;只有“母亲”——这个人类语言中最纯洁、最善良、最无私、最伟大的词,才能表达我们对祖国的深情。

前一段是日常口语，比较松散，也不讲究修辞。后一段出自题为《祖国——母亲》的演讲词，同样是口语，但明显经过了艺术加工，不仅语言规范，还运用了设问、反问、比喻、排比等修辞手法，语意凝炼，生动流畅。从这两例比较中，我们多少可以感受到演讲口语与日常口语的区别。

演讲的语言艺术除了要运用一系列修辞手段来达到准确、简洁、生动、形象的目的外，还特别讲究音韵的和谐流畅。所以，撰写演讲稿还应注意以下几点：

（一）多用短句

在书面表达中，特别是在说理性文章中，常常会使用复杂的句子。但在演讲中，由于人的短时记忆有一定限度，说到后面，前面部分已开始遗忘，这在一定程度上会影响听众对内容的理解。所以，演讲语句最好以短句为主。

> 演讲是科学，演讲是艺术，演讲是武器。什么是科学？科学是对客观事物的规律的认识。演讲没有规律吗？不能认识吗？不是的。它是有规律性的，所以说它是科学的；演讲不仅诉诸人类逻辑思维，而且诉诸人类形象思维，不仅要用道理说服人，还要用感情感染人，所以说它是艺术；演讲捍卫、宣传真理，驳斥谬误，所以说它是武器，而且是重要武器。

这是张志公先生题为《科学、艺术和武器》演讲中的一段话，虽然是说明演讲概念的，但听众听起来并不费力，很容易理解接受。显然，除了运用排比、设问、比喻等修辞方法外，一个重要的原因是演讲者采用了一连串短句子。

（二）顺畅和谐

这里包含两个方面的技巧：一是语句通顺，符合语法规范，没有冗繁累赘、成分残缺、搭配不当等语病；二是句式搭配和谐，恰到好处。有些稿子句子意思很明白，表述也清楚，但读起来感觉拗口、别扭。这时如果把句子调整一下，效果就会大不一样。例如："难道政治野心家能篡改客观真理吗？乌鸦的翅膀挡不住太阳的光辉。"这句话本身没有什么语法毛病，比喻也恰当，意思很清楚，但说起来不顺口，听起来也很别扭。如果将句式改为："政治野心家篡改不了客观真理，乌鸦的翅膀挡不住太阳的光辉。"由于前后两句都是一般陈述句，句式整齐，语意对照鲜明，读起来自然流畅顺口。

（三）注意韵律

演讲虽不是诗歌朗诵，但同样是靠语音来传递信息、表达感情，同样应该具有节奏感和韵律感，这是演讲的一种审美需要。例如：

> 有人说，作为一名大学教授，远离城市，远离父母，远离子女到边区工作，降了位子，坏了身子，苦了妻子，重了担子，少了票子，但作为一名共产党员，我不后悔，正因为到蓝山工作，我才了解了民间疾苦，接触了基层实际，懂得了做人的道理，并进而懂得了为官之义在于奉献，为官之本在于造福，为官之德在于清廉。
>
> （摘自《演讲与口才》，2002年第7期第36页）

这段语言言简意赅，内容丰富，说起来朗朗上口，听起来清脆悦耳，充分显示了演讲语言的节奏感和流畅美。

又如：

> 在幸福、欢乐的乐曲中，我吹灭了象征自己人生历程的烛光，默默地许下几个心愿，那就是：祝各位嘉宾天天有个好心情，笑口常开；月月有个好收入，四季发

财；年年有个好身体，青春常在；终生有个好家庭，夫妻恩爱。

（摘自《演讲与口才》，2002年第2期第35页）

这段话的最大特点是对仗、押韵，句式整齐，使人感到畅达明快，幽默风趣，因而获得来宾热烈掌声。

总之，演讲语言应该兼有书面语和口语的特长：准确、规范、生动、形象、自然、幽默，同时，它还应具有诗歌的优点：好听悦耳，朗朗上口。

第八节　背稿与用稿

演讲一般有脱稿与用稿两种形式，不论哪一种形式，都要求熟悉事先写好的演讲稿。

一、背稿

背稿是脱稿演讲的前提。只有背熟了演讲稿，演讲者才可以摆脱讲稿的束缚，与观众直接交流，并使“讲”和“演”有机结合起来，更好地获得演讲效果。

（一）提纲挈领法

这是从演讲稿的结构去把握全文的方法，即先领会好讲稿的中心思想，然后顺着解决问题的思路，按讲稿的结构条理，从头至尾，排列出合理的顺序，进行强制性记忆，这种方法较适合于学术性、政论性较强的演讲。

（二）形象记忆法

这是按照演讲内容的排列顺序，抓住其形象特征进行形象化的记忆方法，又称图画法，即用图画启发记忆。借助形象记忆在心理学上是一种富有成效的记忆。它常用于叙事性、抒情性演讲，有时也可以把演讲中枯燥的数字、抽象的概念用形象的东西替代，以达到记住、记牢的目的。

（三）词语串联记忆法

这是一种演讲内容的微观记忆方法，即先将讲稿分成几个部分，每个部分都要有一个中心，每个中心都要有个中心词，由于每个词都蕴含着丰富的内容，只要记住这些词，并按顺序串起来，就可以记住讲稿的内容了。

（四）高声朗读法

这是对讲稿进行反复朗读，用声音刺激大脑皮层的方法，这种方法，口耳同时进行，可以排除其他杂念和外来干扰，从而有利于记忆。运用这种方法记忆，在朗读过程中，还可以对速度的快慢，声音的高低，语调的抑扬进行处理，仔细体会讲稿内涵的思想感情、词语的深刻寓意，有利于调节掌握时间，充分表达演讲感情。

（五）反复法

记忆是需要反复的，不断地反复记忆，可以加深和巩固记忆。在反复记忆中，间隔反复比连续反复的效果要好。间隔时间不能太长，也不能太短，因人而异。其基本原则是以下一次反复记忆能够顺利地把全部内容背出来为准。如果背诵时有“卡壳”现象，说明隔得久了一些，如果背诵得特别顺利，下一次间隔时间可以拉得长一些。

以上方法，各有特点，演讲者可根据自身习惯及讲稿的内容进行选择，也可以将几种方法结合起来记。

二、用稿

用稿演讲是一种常见的演讲方式，主要用于时间较长的报告会、学术会和较正规的讲话。有人以为，用稿演讲不需要熟悉稿子，上台照念就行了，这是不对的。事实上同一篇演讲稿由不同的人讲，效果大不相同。有的人讲得神采飞扬，优美流畅；有的人讲得结结巴巴，干瘪无味，甚至完全不能将讲稿的思想正确地表达出来。这说明熟悉稿子是非常必要的。

用稿演讲，事先要有以下三个熟悉过程：

（一）“顺”

即先通读几遍，读准字音，找准节奏，消除文字障碍，以求通畅流利，否则，上台必会出现读错别字、停顿不当、疙疙瘩瘩、前言不搭后语现象。有这样一个笑话：有位领导上台讲话，由于工作忙，事先请秘书写好讲稿，自己看也没看，当念到：“结婚的和尚未结婚的青年都要积极参加民兵组织”一句时，由于停顿不当，竟念成“结婚的和尚——未结婚的青年”，听众始而莫名其妙，顿悟后又大笑不止，不仅破坏了原来严肃的会议气氛，也影响了讲话者本人的形象。

（二）“思”

即反复思考讲稿的内容，弄清讲稿的中心、条理、层次之间的关系，尤其要清楚哪些部分是重点，哪些段落、句子用什么语气、语调，用什么态势语，有必要的话还要考虑如果临场出现意外，在内容上要怎么增删、调整，这是一个对演讲稿融会贯通的过程。

（三）“熟”

对稿子反复揣摩，烂熟于心，达到视而不看，脱口而出的地步。我们经常看到，在有经验的演讲者那里，讲稿往往只是一个“道具”，演讲者几乎不看稿子，而是面对听众侃侃而谈，偶尔才会低头看一下。如果不熟悉稿子，光顾埋头念稿，难以与听众交流，演讲效果肯定会差些。

总之，不论脱稿演讲还是用稿演讲，事先都要认真熟悉，吃透内容，临场才会做到思路清晰，表达自如。

技巧实践

一、你的母校——××中学校庆80周年，你作为校友代表被邀请在校庆典礼上发言。你该说什么，怎样说，将此写成一篇演讲稿。

要求：(一) 学习运用抒情式开头，抒情式结尾。

(二) 学习运用排比、拟人、比喻、设问等修辞手法。

(三) 字数不少于1000个。

二、"考研热"是高校近年出现的新现象，请就此事写一篇议论型演讲稿，谈谈你的看法。

要求：(一) 分别拟出4个标题，选取其中一个题目写出1000~1500字的演讲稿。

(二) 观点鲜明，中心突出，材料翔实，数据确凿。

(三) 按照提出问题—分析问题—解决问题的思路安排结构。

三、就你身边熟悉的人和事，写一篇叙事型演讲稿。

要求：(一) 典型事例不少于3个。

(二) 采用抒情、议论相结合的手法。

(三) 设计演讲高潮。

(四) 标题自拟，字数不少于1500个。

四、阅读下面的演讲稿，思考下列几个问题：

(一) 全篇的主题是什么？是怎样切合时代、切合听众的？

(二) 全篇结构有何特点？何处是高潮？

(三) 每个材料与主题有何关系？

(四) 语言有哪些特别之处？采用了哪些修辞手法？

宜将寸草报春晖

印度　拉米雅·沙尔玛

尊敬的主席先生、尊敬的评判老师，先生们、女士们：

当我走上这个演讲台的时候，朋友们，你们猜，我最先看到了什么？我看到了一双眼睛，那是我慈祥的妈妈的眼睛。此时她正坐在台下，向我投来了温存、信任、鼓励和鞭策的目光，让我稳当地站在人生的舞台上，又让我自信地站在各位评判老师和热情的观众面前。

每个人都有自己的父母，不论是富有，还是贫穷，是伟岸，还是矮小，是博学多才，还是目不识丁，是飞黄腾达，还是一生潦倒，他们，都一样地为我们的生活含辛茹苦，为我们的成长呕心沥血，甚至不惜牺牲自己而换取我们生命的延续。有这样一位母亲，她的小女儿不幸患上了白血病，必须抽掉身上坏死的血液而换上新鲜、健康的血液。就是这样一位极其平凡的母亲，她什么也没说，毅然把自己的血液一滴一滴地输给女儿。为了让女儿能多留几声笑语给这个世界，能多收获一段美丽的人生，她整整地输了八年！女儿的面色由惨白转为红润，而母亲的面色却由红润转为惨白。还有一位母亲，她的两个孩子在水边玩耍，不小心，一同掉进了水中，母亲闻讯赶来，看到在水中挣扎的孩子，她什么也没想，什么也没说，一头扎进水里，奋力把两个孩子顶出水面，孩子得救了，可她自己却永远地沉到了水底。她从来没游过泳，也从来不会游泳，为什么会有着如此惊天地、泣鬼神的壮举呢？因为在母亲的心目中只有孩子！

“十月怀胎”，或许是母亲的天职，然而，自从我们呱呱落地，到长大成人，这其中的坎坎坷坷、风风雨雨，有哪一点、哪一样不牵动着父母的心！又有哪一点、哪一样不连着父母的牺牲与奉献呢！

千千万万的父母，千千万万的奉献，千千万万的牺牲哪！千千万万的儿女又该怎样对待自己的父母呢？禽兽尚且有跪乳之恩，反哺之情，作为至灵至性的人，我们有什么理由不去回报我们的父母呢？面对苍天，面对高山，面对大海，我们谁都应该记住：孝敬父母，天经地义！

孝敬父母，这本来是一个不应该成为问题的问题，然而，实实在在又是古往今来一个共同的社会问题。

我听过这样一个故事：清朝光绪年间有个县令，在位期间，他深得民心，离任这天，送行的人们问他："大人，您还有什么话要嘱咐我们吗？"他长叹一声："没有什么话要说了，回去以后，对待父母就像对待自己的儿女一样就行了。"

这话听起来，似乎有些荒唐，父母怎么能和儿女相提并论呢？难道父母还有不如儿女的吗？从这声长叹中却的确道出了县令对这一社会问题的无限忧虑。时至今日，这一问题又解决得怎样了呢？

前不久，有件事深深地触动了我的心。一位87岁的老父亲，早年丧妻，多少岁月，他又当爹，又当妈，把三个儿女哺养成人。如今，他三个儿女，谁都有一个幸福的家，谁都把自己的孩子视为掌上明珠，可谁都不管这位老父亲的死活。老人孤独地住在一间小石屋里，真可谓"茕茕孑立，形影相吊"。风烛残年，他每天都要打柴种地，自谋生路。当记者采访他时，他老泪纵横地说："当年，我每天都用一大锅一大锅的米饭喂养他们，如今，我老了，只要他们喂狗的一点饭就够了，可他们就连这点饭也不给我！"

看看眼前的事实，听听老人凄凉的诉说，有谁不会为之动容呢？这能说是像对待自己的儿女一样对待父母吗？难道这种现象只发生在国外？把年迈的父母送进孤人院，甚至赶出家门，流落街头的现象就没有了吗？回答是肯定的。任何一个国家，任何一个社会都同样存在这问题。

中国至圣先师孔子早就指出过："今之孝者，是谓能养。至于犬马，皆能有养。不敬，何以别乎？"在我们新加坡，赡养父母，给父母提供一定的衣食住行，应该说不算难。能做到这些，是不是就孝敬了父母呢？然而孔子却认为，只养不敬，无异于饲养犬马。亚圣先师孟子说得很明确，他说："孝子之至，莫大于尊亲。"割股疗亲，老莱子娱亲，虽然成了中国人孝敬父母的千古美谈，时至今日，我们也用不着一一效法。然而，朋友，茶余饭后，你是否能陪老人说说话，驱散老人的一份孤寂呢？节假日，当你带着夫人孩子逛公园、进商店时，你是否也能搀着老人一道分享节日的喜悦呢？当父母病在床上时，你是否能及时地送去你作为儿女的一份体慰的温情呢？如此等等，或许有人会说，这有什么了不得。然而，我却认为，这才是对父母一种实实在在的孝敬！

"老吾老以及人之老，幼吾幼以及人之幼。"如果我们每个家庭都能尊老爱幼，那整个社会就能蔚成尊老爱幼的良好风尚。一个充满孝心与爱心的社会，才是一个无限美好的社会。

朋友们，最后我提议，让我们一道重温中国一首古老歌谣，从中再次领悟一番父母对儿女春天般的厚爱。

慈母手中线，游子身上衣。

临行密密缝，意恐迟迟归。

谁言寸草心，报得三春晖。

愿我们都拥有一颗孝心。

愿我们的社会充满爱心！

谢谢大家！

（摘自《演讲与口才》，1995年第1期）

第四章　调控技巧

演讲的根本目的在于影响听众的意识，促使某种行为的产生或改变。要达到这一目的，就要在演讲过程中实施有效的调节与控制。戏剧理论家斯坦尼斯拉夫斯基指出：“创作愈是有控制的进行，演员的自制力愈大，角色的设计和形式就会表达得愈鲜明，它对观念的影响就会愈强烈，演员的成就会愈大。”（《斯坦尼斯拉夫斯基全集》第 3 卷第 266 页）演讲虽然不同于表演艺术，但这种调控在传播过程中的作用却是共同的。人类一切有目的的活动，离开调控都是不可能顺利进行，更不可能达到预期的目的。

演说者与听话者，说与听，是信息传播的两个终端。两者既矛盾，又统一，相互制约，相辅相成。所谓调控，就是同时对这两方面进行有效的调节与控制，也就是说，既调控演讲者自身，又调控听众，前者叫自控，后者叫控场。

调控是多方面的，既有理智调控，又有情感调控，还有心理调控，以及各种意外情况的调控。各种调控都具有很强的技巧性。

第一节 自我调控

在演讲中，演讲者是信息传播者，是对听众施加影响的一方。亚里士多德说："演讲有没有效，要看它对人有没有影响。"这种影响，除了内容之外，还取决于说话者的自我调控。

一、威信调控

有这样一则有趣的故事，爱因斯坦曾在美国的巡回演讲中，每次都获得了极大的成功。与他朝夕相处的汽车司机每场必听，以至于能背下他全部的演讲词。有一次，司机对他说，他也可以上台发表同样的演讲，爱因斯坦真的同意司机代替他作一次演讲。这次的听众从来没有见过爱因斯坦，司机以假乱真的演讲，同样博得了听众经久不息的掌声。试想，如果听众事先知道是一个汽车司机给他们作关于相对论的演讲，又有谁会来听呢？即便听了，又有谁会相信他的话呢？司机正是凭借了爱因斯坦的威信，才演出了这场闹剧。

这就是说，演讲者凭借自身的威信就能起到一种调控的作用。这就是人们常说的威信或权威效应。"有威则可畏，有信则乐从，几欲服人者，必兼具威信。"因为听众总是把有威信的演讲者当作自己学习的楷模，崇拜的对象，既不会怀疑演讲的真实性，也不担心其观点、结论的可靠性，甚至还把聆听权威的演讲当作一种荣耀。显然，威信在演讲中所起到的调控作用是毋庸置疑的。然而，更值得注意的是威信的形成与实施。威信形成是修养问题，包括道德情操、思想品德、文化教养、行为举止的长期修养。从长期修养的过程来说，同样是一种自我调控，即朝着有道德、有理想、有作为的目标，经常地、不断地、严格地对自我实施调控，否则，怎么可能形成自身的威信呢？威信实施，就是对听众实施威信影响。几乎所有的有威信的演讲者，都不会自吹自擂，自我标榜，目空一切，口出狂言，而只会不显山，不露水，谦虚谨慎，实事求是，出语不凡。要做到这些，本身就是一种自我调控。这种调控，不仅不会降低自身的威信，反而会增加自身的人格魅力。歌德说："一般来说，作者个人的人格比他作为艺术家的才能对听众要起更大的影响。"（摘自邵守义《演讲学》，东北师范大学出版社 1991 年版，第 60 页）

二、怯场心理调控

怯场，这是束缚演讲者的精神枷锁，是演讲者的通病。平日说话，或许只存在一定程度的紧张，不敢轻易与人说话。在演讲中，这种怯场就严重得多，轻则影响演讲者正常水平的发挥，重则导致演讲者彻底失败，自暴自弃，丢人现眼。戴尔·卡耐基经过他多年的调查，得出一个统计数据，他说："有 80% ~ 90% 的学生，对上台说话感到困扰，而已经步入社会的成年人，则 100%都恐惧公开发表演说。"甚至连英国首相狄斯瑞黎也公开承认："宁愿带领一队骑兵冲锋陷阵，也不愿意首次去国会上发表演说。"

对于怯场的表现，一些伟人名人曾作过真实的描述。

西塞罗说："演说一开始，我就感到面色苍白，四肢和整个心灵都在颤抖。"

林肯说他在演说时"也有一种畏惧、惶恐和忙乱"。

丘吉尔说："心窝里似乎塞着一个几寸厚的冰疙瘩。"

也有的说，手心冒汗，汗流浃背，严重的还可以导致休克。

如此等等，怯场严重地干扰和破坏着演讲。

为什么会怯场呢？原因在哪里呢？演讲家、心理学家众说纷纭，有的说是胆小，有的说是"缺乏自信心"等等，这些说法不无道理。然而罗斯福却有他自己的看法，他说："每一个新手，常常都有一种心慌病。心慌并不是胆小，乃是一种过度的精神刺激。”（摘自沙德金《演说心理学》，吉林人民出版社 1988 年第 1 版，第 187 页）这种刺激来自两方面：一是外在的，即台下黑压压的听众，一双双明晃晃的眼睛全部投向演讲者，使演讲者望而生畏、局促不安；二是内在的，担心讲不好，担心听众不爱听，担心声音不好听，担心手势不好看，甚至连自己的长相也在担心之列。总之，一上台，各种担心一齐涌上心头，也就是说自我意识太强，因而形成过度的精神刺激，刺激引起生理变化，肾上腺增强了肾上腺素的生成，激素涌入血管，于是血压增高、脸色涨红、心跳加快、呼吸急促、手心冒汗，甚至肌肉颤抖。

如何恰当地控制怯场心理呢？

首先，应对怯场心理有一个正确的估计。这是一种正常的心理和生理现象，人人都有，只是程度不同而已，主要表现在第一次，而第一次又主要是表现在开场的部分。如果能客观地认识并把握其规律，是完全可以控制的。

其次，采取有效的控制措施。

一是自我暗示。一上台只把注意力集中在自己眼前的动机和效果上：我要说服你，我要使你接受；我能说服你，我能使你接受。正如华盛顿说的：“我只知道有眼前的听众，而我的说词，正是为眼前的听众而说的。”至于日后人们怎么评价，在演讲实施过程中，演说者是可以不加考虑的，否则，就可能产生畏惧感。要少作“我不如你”这种否定自我的设想。有的人甚至提出“把听众当傻瓜”的说法。当然这种说法不好听，使人难以接受，但作为克服怯场心理，也并非荒谬。

二是回避刺激。上台前不与人争论，不吵闹，不大声说话，不回忆不愉快的事，不接触不喜欢的人，竭力保持心理的平衡、情绪的稳定。上台后，开始不使用实眼而用虚眼，回避听众的各种表情、各种举动，只在听众中造成一种交流感，实际上场内的一切，什么也没看。

三是开头讲点具体的、生动的、有趣的事，最好是自己的一段经历，一段见闻，一则有趣的故事。这样做有两个好处，一个是不担心讲不好，另一个是可以立即引起听众的浓厚兴趣，这种浓厚兴趣反馈过来，可以使演讲者立即轻松起来。

除了上述这些技巧的应用之外，关键还是认真准备，认真收集典型生动的材料，认真选择切合听众实际需要的主题，认真设计好演讲的各个环节，充分估计演讲现场的各种情况，等等。准备越充分，自信心就越强，一个充满自信的人，是无所畏惧的。

三、自我情感调控

演讲需要投入情感，这是古今中外的演讲家在实践中所形成的共识。亚里士多德在他的《修辞学》中甚至这样写道："一个充满感情的演说者，常使听众和他一起感动，哪怕他说的什么内容也没有。"

但情感需要控制。失控的情感是不堪设想的。《三国演义》中的王朗和周瑜是怎么死的？是被诸葛亮活活气死的。于是留下了"轻摇三寸舌，骂死老奸臣"，"三气周瑜"的千古趣谈。这其中的"气"就是强烈的情感刺激，"死"是情感冲动的结果。

1959年，赫鲁晓夫在联合国讲台上发表演说，台下听众有的喧闹，有的吹口哨，面对这种情景，他被激怒了，竟然脱下皮鞋，用力敲打着讲台，于是成了臭名远扬的丑闻。这种失态同样是源于情感的失控。

情感失控所导致的失态、失言，在演讲中、在辩论中、在说话中都是屡见不鲜的。譬如拍桌打椅、声嘶力竭、脸红脖子粗、吹胡子瞪眼睛、说过头话，甚至拳脚相加等等，这既破坏演讲效果，又影响人际关系，而且行为也不美。

情感应该服从理智，服从动机和目标，服从演讲的表达。傅雷曾经教育他的儿子傅敏说："中国哲学的理想，佛教的理想，都是要能控制感情，而不是让感情控制。假如你能掀动听众的感情，使他如醉如狂，哭笑无常，而你自己屹如泰山，像调动千军万马的大将军一样不动声色，那才是你最大的成功，才是到了艺术与人生的最高境界。"（《傅雷家书》）"要能控制感情，而不是让感情控制"，这是演讲者必须牢牢记住的精妙所在。处在正常情况下，也许可以用理智、动机、目标控制情感，能够获得正常的表现。处在最得意或者最难堪的情势下，也许是我们最容易失控的危险处，即所谓"得意忘形"、"恼羞成怒"的时候。

如何避免失控呢？除了要加强理智，克服情感的随意性之外，首要的是要懂得尊重别人、尊重听众，要礼貌待人，不要恶语伤人，不要揭短，不要伤害别人的自尊心，不要以势压人，这既是个人品格，也是行为规范。

其次，还要具备处变的能力和技巧。

1959年庐山会议，林彪当着毛主席、周总理等中央政治局常委的面奚落彭德怀元帅，彭总虽然怒火中烧，但他还是控制住了自己。这除开他的胆略和气魄之外，他还用了一个辅助手段，他使劲地交替着掐手心。事后他向人解释说，这是制怒穴，使劲掐可以制怒。心理学家介绍，极怒时，最好的办法是数数字。其实这些办法，哲学家培根作了一个总的归纳，叫"沉默"，"沉默是金"，"沉默也是一种谈话艺术"。演讲学家称为"停顿"，停顿可以产生摧毁性的力量。这可算为制怒的技巧。

"或者是你去换一块手表，或者是我来换一个秘书。"这是华盛顿对一个开会迟到的秘书说的话。

这种情况的发生，是特别使人气愤的，完全可以给予严词厉色的批评或训斥的，甚至大发雷霆，愤然处断，以至失言失态。然而华盛顿却是以温和的口气、幽默的方式说出来的，既达到了目的，又不乏机智的美感。培根说："温和语气的力量胜于雄辩。”这可算是控制激愤的技巧。

还有过度喜悦、过度悲伤、过于烦恼都是最容易导致有失身份、有失体面、有失言辞的危险处，也最需要演讲者对这些过分的情感、情绪、心态加以调控。这种调控，首要的是冷静，冷静了才能有理智，有了理智，才会有自我调控的手段或技巧。

以上说的是演讲过程中的自我调控，即自控。除此之外，最重要的是临场调控，就是演讲者在演讲过程中对听众实施全方位的调控，包括思维调控、心理调控、情感调控、注意力的调控、语境调控、行为调控等等。

第二节　引发兴趣

兴趣，“兴”，兴奋，“趣”，趣味，因趣味而引发的兴奋，就叫兴趣。这是一种极具优势的情感倾向，也是一种极具创造力的心理机制。在演讲中，能不能引发听众的浓厚兴趣，就成了演讲者能否有效控场的一个重要方向。

一、兴趣与控场

“兴趣是最好的老师。”人们的热情，人们的注意力，人们的行为，人们的目标追求，常常受兴趣的驱动。人虽然不全是靠兴趣活着，但离开了兴趣，活着也必将是索然寡味的。生活中常常有这种现象，人们只要对某种现象、某种事物、某种形态发生了兴趣，便会不顾一切地全身心地投入其中。这也正是演讲者引发听众的兴趣，达到控场目的的原因之一。

演讲中，听众的兴趣也绝不是盲目的，而总是与一定价值取向联系在一起的，正如爱因斯坦所说的：“兴趣必须同社会价值结合在一起的。”演讲中，尽管听众的动机不同，目的不同，价值取向不同，但演讲所包含的情趣、理趣、巧趣，总是能与听众的价值取向联系在一起的。演讲的教育功能、情感功能、信息功能、审美功能等等，总能从不同的方面迎合听众的价值取向，满足听众的心理需求的，因而总能引发听众兴趣的。“与君一席话，胜读十年书”，显然这种言语交流十分符合听话者的价值取向，对谈话十分感兴趣。与此相反，“话不投机半句多”，对说话的内容，说话的形式，说话的人都十分不感兴趣。从调控的角度来说，前者是成功的，后者是失败的。因此，满足听众的价值取向，这是引发听众兴趣，实施控场的关键所在。

二、兴趣的引发

要引发听众的兴趣，绝不是一件轻而易举的事。譬如有人讲了下面的一个故事：

有一个个子特别矮小的人，他住在大楼的第20层，可他每次坐电梯回家，总是坐到第10层后再一层一层地爬上去。你们想，这是为什么？

讲到这里，说故事的人停顿下来，并向听众投去询问的目光。于是听众议论开了，有的说，这个矮子肯定很胖，爬楼是为了减肥，有的说，这个人有心脏病，适量的步行可以增强血液循环，有利于早期心脏病康复，如此等等。

正当听众议论纷纷的时候，说故事的人笑容可掬地解释说：“因为他太矮，他只能按到第10个按钮，再上面的他够不着了。”于是听众哗然，兴趣上来了。

显然这里有两个问题值得研究：

一是内容。听众经过一番思索，仍然没有找到正确的答案，最后还是由说故事的人说出来，于是听众心里很懊恼，为没有想到这点而责怪自己，也许这就是引发兴趣的原动力。这就是说，演讲不能平庸，不能低级，不能老是说空话、大话、套话。语言必须是精辟的、深刻的、新颖的、有实感的、有启发性的。在某些领域的某些观点，见解比听众高明，至少要略胜一筹，否则，听众是不可能产生兴趣的。

二是表达形式。不选择恰当的表达形式同样不能引发兴趣。假如这个说故事的人，在说出原因之前，不向听众发问，发问之后不作停顿，而是平铺直叙地说出原因，听众也许会说，这么简单的道理，还用得着你来跟我说吗？因而不可能引发兴趣。正是因为讲故事的人采用了设问的方式，运用了停顿，让听众自己去思考，去寻找答案，调动了听众的参与感，因此才能使之哗然而产生兴趣。这就是说，引发兴趣同样需要方法、需要技巧。

听众的兴趣是广泛的，具有选择性的。有的对内容感兴趣；有的对演说者的雄辩感兴趣；有的是对演讲者的仪态风度感兴趣；有的偏重于与现实生活贴得很紧的话题，寻找解决现实问题的答案；有的希望在宏观上把握纷繁复杂的世界，对精辟的哲理更有兴趣，如此等等。为了照顾方方面面的兴趣，演讲者在话题的选择上就应该考虑选择话题的共同性，即使难以满足，也应在材料的选择上尽可能面广一点。不要使一部分听众感兴趣，另一部分听众不感兴趣。即使是平常的朋友们坐在一起聊天，也要注意选择大家都聊得上的话题，否则势必造成少数人谈笑风生，高谈阔论，多数人备受冷落，坐立不安。

三、引发兴趣的技巧

在演讲中，能引发兴趣的手法是多种多样的。

一是设问。把握话题，找到演讲的关键处，用提问的方式表述出来，让听众参与思考。“谁是我们的敌人？谁是我们的朋友？”这是毛泽东在《中国社会各阶级的分析》中打头提出的问题，“敌人”与“朋友”是两个根本对立的概念，所以人们很乐意听个明白。“曾记得三年前的今天吗？（会场大喊记得）大家试想想：三年前的今天，那班军阀地主劣绅们用武力来解散我们的农会。到了今天，我们居然能够驱逐他数十万兵的军阀。到底是什么原因呢?”这是1926年8月12日彭湃在海丰农民纪念“七五”农潮三周年大会上的即席演讲的设问，其作用既是为了突出讲话的要点，更重要的是为了引发在场的听众积极地回忆与思考。

二是对比。俗话说，不比不知道，一比吓一跳。正是因为“比”和“吓”，才引发了兴趣。例如，在一次以《奋斗，做生活的强者》为题的演讲中，演讲者运用了两个事例：一个是北大物理系一名女大学生，为了使祖国科学技术昌盛，在向“中国的居里夫人”的目标奋斗的途中死去了；另一个是某学院一名大学生，却为三角恋爱而卧轨自杀。这一正一反的两个事例，足以引起听众的思索。

三是制造悬念。这是一种心理结构，把听众的心悬起来，再顺着听众的心理轨迹娓娓道来，同样能使听众兴趣盎然。例如：“事情已经定局了吗?希望已经没有了吗?胜利已经失去了吗?”这是1939年6月18日戴高乐面对法国人民发表的反法西斯的广播演说的开头。这是人民最忧虑的几个问题，一经被提出，便急切想知道答案或结论。戴高乐正是在这种听众迫切期盼的心态中展开了演说。

最后，应多点幽默，没有幽默的语言等于公文。培根说，善说者应善幽默。幽默能使听众对演讲抱有极大的兴趣。这是因为：其一，幽默是一种自信的表现。充满自信的演讲者是轻松的、活泼的，而不是呆板的、老气横秋的。其二，幽默是机智的表现，机智是一种美，有极高的欣赏价值。其三，幽默是谐趣的表现，它直接引发的是笑，所以人们把幽默称之为笑的艺术。笑是愉悦的。它能把敌人的凶残化为一笑，对于丑陋的、违反常规常理的、矛盾的不良行为，“笑是一种制裁”（别林斯基语）。这就是说，即使是用来进行尖锐的、辛辣的批评，幽默也同样能给人轻松感和美感。陈毅同志是精于此道的，在他的各种演讲或谈话中无不表现出幽默的灵气。50年代，在思想改造运动中，由于某些基层干部作风粗暴简单，一位老教授投河自杀，所幸及时被人救起。后来在一次高级知识分子的大会上，这位老教授在座，陈毅发表讲话，他说："我说你呀，真是读书一世，糊涂一时。共产党搞改造，难道是为了把你们整死吗？我们不过是想帮大家卸包袱，和工农群众一道前进，你为啥偏要和龙王爷打交道，不肯和我陈毅交朋友呢？你要投河也该打个电话给我，咱们再商量商量嘛！当然啦，这件事主要怪基层干部不懂政策，也怪我陈毅教育不够……"这段话，从总体上来说是批评，既批评这位老教授不应该这样做，也批评了基层干部，还作了自我批评。但语调是诙谐的、幽默的，怎么投河还要给人打电话商量商量呢！这是谈话中顺着某种逻辑有意制造的反常，正因为反常，才形成了幽默。正是这种幽默的作用，才缓解了批评的紧张气氛，才使人心悦诚服地接受了批评。这是最能使听众感兴趣的一种说话或演讲方式。

第三节　激发情感

激发听众的情感，同样是演讲中控场的有效手段。

一、情感与控场

情感，是一种复杂的心理反映，是人们对客观事物的态度与体验，并由此而形成的情绪评判。情感虽然是一种与人的言谈举止相随相伴的抽象形态，然而一旦被激发，便立即使人精神振奋，全身心都处于高昂的积极状态，进而对客体产生一种不可估量的能动作用。正如马克思指出的那样："热情、激情是人类走向他的对像拼命追求的本质力量。"演讲中，激发听众的情感，正是在于启动和发挥这种“本质力量”，使之高度关注、思索、领悟、品味演讲过程的全部言词与全部情态，这就是控场。

事、理、情，构成了言语交际的全部内容。从交际的目的来看，激发听话者的情感，不仅仅是一种控场的手段，其根本目的还在于，一方面使听话者形成健康向上的情感，淳化情感，另一方面，促使听话者在情感的驱动下，产生追求真知与真理的强烈欲望。正如列宁说的：“没有人的情感，就从来没有，也不可能有人对真理的追求。”但是这两个目的，又是通过有效的控场来实现的，而且都是着力于听众的情感激发。因此，在演讲中，激发听众的情感，既是控场的手段，又是交际的目的，两者相辅相成，相得益彰，是辩证的统一。

二、情感投入

要激发听众的情感，演讲者首先就要有情感投入。表演艺术家李默然先生深有体会，他说：“演讲者不动情，听众当然不会引起共鸣，只要你真正地动情了，观众保证被你打动，不管是多大的声音，哪怕是轻微的，观众也会被你震慑住的。”例如：

> 我们的兄弟此刻已经奔赴战场！我们岂可在这里袖手旁观、坐视不动？难道无限宝贵的生命、无限美好的和平，最后只能以镣铐和奴役为代价来获得吗？全能的上帝啊，这事断断不行！我不知道其他人在这件事上有何高策，但是对我自己来说，不自由则毋宁死！

这是美国年轻议员佩特瑞克·亨利在著名的《诉诸武力》这篇演讲的结尾。在对待英国殖民者是战还是和的问题上，他力排众议，满怀激情痛斥保守派的和平幻想。没有对殖民者的切齿痛恨，没有对自由的热切渴望，是不可能讲出这些话的。正是真挚的感情与精辟的言辞的高度结合，因而不仅在当时能激起北美

10个州的人民的斗志，即使在今天，也成了全世界爱好和平的人民反对侵略、反对压迫的共同心声。由此可见，只有这种真挚的情感才能激发听众的情感，才能控场，而那些矫揉造作、无病呻吟、虚情假意，不仅不能引发听众的情感，反而使人生厌。

投入的情感要健康向上。无论在什么场合、面对什么对象、讲什么内容，演讲者都应给人以鲜明的是非感、正义感、向上感，千万不可为了现场效应去迎合部分情调不高雅的听众心理。有的人一说反腐败，就神采飞扬地大谈官场如何吃、如何玩、如何挥霍；一谈到社会风气，就手舞足蹈地说起凶杀的惨状、赌博的豪情、毒枭的猖狂、偷盗的狡诈；一说扫黄，就眉飞色舞地描绘起各种淫秽细节，如此等等。演讲也罢，谈话也罢，即使是聊天，其效果又会怎样呢？作为一个演讲者，为什么对这类丑恶现象会如此津津乐道呢？究竟是痛恨呢，还是欣赏呢？总而言之，演讲的格调应该高一点、健康一点、积极一点。

情感的抒发，还要做到具体，要有自己的特点。曲啸同志在《人生、理想、追求》的演讲中，在说到1979年1月20日他的冤案得到昭雪时，讲了下面一段话：

> 我换了一套新衣服，我们单位的政治部主任王东昌同志拉着我的手说，曲啸同志你受委屈了，党委派我来用专车接你回去，咱们马上回家。
>
> 当我听到他叫我同志时，我再也忍不住自己的眼泪了。同志，这个词，对于一般的人来讲，也许不以为然，但是，这个称呼对于一个热爱党而失去了这个称呼又重新获得了它的人来讲，这是世界上最高尚最可贵的称呼，它比生命还宝贵。二十多年来，我没有资格叫别人“同志”。今天党委的领导同志亲自拉着我的手叫我同志，而且说我受委屈了，这种温暖只有被解放的人才

能体会到。

这是一段感人至深、催人泪下的演讲。真正以情感人，就在于有人、有事、有细节、有演讲者的独特感受。没有这样的经历，不受到这么多的委屈，没有对党对共产主义的执着追求是讲不出这种感受的。这就是说，情感，不是靠几句空口号，不是借助几个感叹词，不是直白地说得出来的。情感只能通过声音、运用情态、渗入真实的细节，才能获得具体的表现，才具有只能属于自己的真情实感。

另外，感情还要有适当的控制，要善于用理智把握自己情感的闸门，保持稳定的、饱满的、良好的情绪，不温不火。过于激烈的情感，容易导致失言失态。

三、激发情感的技巧

激发听众的情感，常见的有如下几种技巧。

其一，以情动情。

俗话说，人心都是肉长的。这就是说，喜怒哀乐，七情六欲，是人的共性，而且具有感染性，尤其是处在大致相同的境遇中，这种感染性更加强烈，于是人们便有“同病相怜”、“兔死狐悲”的一些说法。演讲者常常以此来激发听众的情感。蒙哥马利元帅在离开“心爱的第八集团军”发表告别演说时深情地说：“在这个场合说话很容易冲动，但我应控制自己。如果说不下去时，请各位谅解。”他接着说：“我实在很难把离别之情适当地向你们表达出来。我就要离开曾经和我一起作战的战友。在艰苦作战与赢得胜利的岁月中，你们忠于职守的勇敢与献身精神，永远令我敬佩。我觉得，在这支伟大的军队中，我有许多朋友。我不知道你们是否会想念我，但我对你们的思念，特别是回忆起那些个人的接触……实非言语所能表达……再见吧！希望不久又再见面，希望在这次大战的最后阶段，会再次并肩作战。”他的话音刚落，全场立即爆发出暴风雨般的掌声和欢呼声。为什么？长期的战斗生涯建立起的情感被激发了，产生了共鸣。只有在这种情境下，演讲者才真正成了听众全部情感的聚焦点。

其二，融情于事。

1994年在新加坡全国华语演讲大赛中，一位印度姑娘在题为《宜将寸草报春晖》的演讲中，她叙述了发生在中国大陆的两件事，她说：

> “有这样一位母亲，她的小女儿不幸患上了白血病，必须抽掉身上坏死的血液而换上新鲜、健康的血液。就是这样一位极其平凡的母亲，她什么也没说，毅然把自己的血液一滴一滴地输给女儿。为了让女儿能多留几声笑语给这个世界，能多收获一段美丽的人生，她整整地输了八年！女儿的面色由惨白转为红润，而母亲的面色却由红润转为惨白。还有一位母亲，她的两个孩子在水边玩耍，不小心，一同掉进了水中，母亲闻讯赶来，看到在水中挣扎的孩子，她什么也没想，什么也没说，一头扎进水里，奋力把两个孩子顶出水面，孩子得救了，可她自己却永远地沉到了水底。”

这段叙述，同样使新加坡的听众为之动容。这是为什么呢？第一，演讲者是怀着对这两位母亲极其崇敬的情感在叙述这两件事，这种情感直接感染了听众。第二，通过演讲者的叙述，把当时的“情景再生出来”了，也就是说，演讲者把听众带到了可以想象得出的情境之中去了。设身处地，将心比心，怎能不为之感动呢？

其三，寓情于理。

有情才有理，有理必有情，情与理，相互交融，相辅相成。

情理兼备才能与听众产生共鸣，才能收到预期的效果。没有一丝人情味，只有干巴巴的说教，只有一些抽象的概念，或一些现象罗列，怎能感动听众呢？因此，不少的优秀演讲者也同样以论理的方式去激发听众的情感。这种情感一旦被激发，就更真挚、更深厚、更炽烈，因为这种情感是建立在理智的基础上的。1943年8月2日，周恩来同志在《延安欢迎会上的演说》中，在讲到抗战“不是拖而是打”这点时，他说：

“殊不知你要拖，敌人却不让你拖。敌人要在希特勒垮台以前，至迟要在太平洋决战以前，解决中国问题，这是很明显的，而这次公开诱降，主要就是墨索里尼倒台所引起的，不仅敌人不让你拖，就是国内情形也不会让你拖。许多军队不开到前线，不积极作战，士气能提高么？兵役制度不改变，军队待遇不提高，战斗力能加强么？……这些现象不改变或消灭，中国抗战的局面能拖到胜利么？我们的回答：要胜利，不是拖而是打！要胜利，不是消极的抗战而是积极抗战！要胜利，不是国内的分裂而是国内的团结！要胜利，不是政治的压迫而是政治的民主！”

这是一段说理，即从国际和国内两方面精辟地分析了“不能拖只能打”的道理，有理有据，很有说服力。然而在说理过程中，却充满了渴望胜利的激情，十分有感染力。正因为如此，才激起了听众彻底放弃拖的想法而积极投入抗战的激情。还因为理之所至，情之所感，听众的注意力才高度集中。在这种情境中，似乎并不存在控场的问题，其实这才是最理想的控场。

“激人以怒，哀人以怜，动人以情”，听众的情感是丰富而复杂的，时而喜笑颜开，时而伤心落泪，时而扼腕叹息，时而摩拳擦掌，或喜或悲，或怒或忧，全凭演讲者去激发，去调动，就像调动千军万马的将军一样，自己不动声色，这才是最大的成功，最有效的控场。

第四节 说 服

说服，既是演讲者的基本功，又是最本质的控场手段。

一、说服与控场

演说活动中，有时也会出现某些令演讲者难堪的局面：演讲者在台上滔滔不绝地发表演说，可台下或者冷冷清清，毫无反映；或者交头接耳，乱哄哄的，或者吹口哨，喝倒彩，甚至有的听众还会站起来提问或反驳，直至把演讲者轰下台，等等，这就是失控。例如，有位老干部在某高校给大学生作报告，目的在于教育青年学生养成艰苦朴素的作风。一开始，他就大谈当年红军爬雪山、过草地、吃野菜、啃皮带等人所共知的史实，接着便批评有的学生只想出国，只追求美国、日本、加拿大西方国家的资产阶级生活方式，贪图享受等，并把跳迪斯科，唱卡拉 OK，看外国电影等，统统斥为“崇洋媚外”。这时场内由开始的冷淡渐渐转为骚动，进而有人大声喧哗，敲桌子，喝倒彩，以至悄悄地退场。给当代的大学生谈艰苦朴素，这是十分必要的，问题是怎样才能使他们心悦诚服地接受呢？由此可见，能否有效地说服听众，便成了控场的关键。

说服是演讲的基本功能。所谓说服，顾名思义，就是用说话或演说的方式，使别人信服、服从、接受。不是压服，不是盲从，不是口服心不服，而是心悦诚服。正如周恩来所说的那样：“与人说理，须使人心中点头。”

二、说服的要求

能使听众接受自己的主张、意见、措施、办法，继而改变原来的观念与行为，这是说话者或演讲者极具价值的本领。要说服人，就必须实事求是，逻辑严密，具有针对性。

能说服人的理，总是建立在事实的基础上，是实事求是的，不是虚假的。一贯以说真话著称的彭德怀元帅，1947 年 7 月 8 日，在延安各界保卫边区，保卫延安动员大会上的演说，就是一篇气势磅礴，使人深信不疑的演讲，其中说到能不能消灭胡宗南的进攻军队时，他是这样说的：

> 我看能消灭它。有人要问我：你有什么证据？证据在哪里？这自然是有证据的。
>
> 1935 年的事情就是证据。当时陕北刘志丹只不过 3000 人，后来，来了个徐海东也不过 3000 人，最后中央红军开到陕北，也只有 7000 人，共计不超过 15000 人。可是那时候敌人有多少呢？
>
> 据我记得的，那时敌人有 101 个团，30 万人。今天胡宗南却只有 35 个团。那时候我们只有 15000 人，现在可就大不同了，边区那时只有三四十万人，5 个县，现在我们的力量是大得多了。大家想一想，看我是不是扯谎。（群众：是真的！）没有扯谎，这是事实。当时红军却总共不超过 15000 人。国共兵力是 20 与 1 之比。可是今天他只有 35 个团，17 个旅，我们比那时的 15000 人就多得多了，我们能打胜吗？（群众：一定能打胜！）是的，是一定能够打胜的。

为什么能够打胜？因为有事实作根据，而且这些事实是真的，所以听众才信服，才充满了必胜的信心。这正是演讲者说服听众最根本的手段。

同时，能说服人的理，总是符合逻辑的。前后矛盾，理由不充足，甚至诡辩，都是不能服人的。例如，中国为什么会发生革命呢？美国人曾经作过一个解释，说是“中国人口在18、19世纪里增加了一倍，因此使土地受到不堪负担的压力。人民的吃饭问题是每个中国政府必然碰到的第一个问题。一直到现在没有一个政府使这个问题得到了解决”。把这个意思说明确，就是“人口太多，饭少了，发生革命”。（摘自《毛泽东选集》《唯心史观的破产》）美国人说这个话是在1949年，当时我国的人口是4.5亿，时过半个世纪，我国已是10亿人口的大国了，按照美国人的逻辑，那又作何解释呢？显然，美国人为了给自己在国际舞台上扮演的不光彩的角色作掩饰，竟然犯了一个推不出的逻辑错误，因而理所当然地要遭到反对压迫、反对奴役的中国人民和世界人民的唾弃。演讲也是如此。演讲者的判定，与听众对演讲的价值评定，常常是不一致的。本来是没有理的，或者理由不充分的，演说者却一定要强扭成理，这是绝对说服不了听众的。正如培根批评的那样：“有些人在谈话方式上，只图博得机敏的虚名，却并不关心对真理的讨论。”这样的谈话，这样的演说，怎么能说服人呢？

说服还要有针对性。“对症下药”，“有的放矢”，这些说法都是强调说理的针对性。说服，常常是在对待同一个问题、同一个事物存在着不同的看法、不同的主张、不同的处理办法或措施的情势下才实施的，其目的在于使对方接受新的，放弃原来的。也就是说，说服的机制本身就是建立在有分歧、有差别、有是非曲直的基础上的，这就决定了说服必须有很强的针对性，非此就用不着去说服。例如，某中学针对目前中学生早恋的现象，特地请来某高校的一位研究伦理学的教授作了一次专题讲座。可这位先生却大谈起婚姻与家庭的关系。他从家庭的起源谈起，再谈到性爱与婚姻、性爱心理、生理机制等等。讲话者唾沫横飞，头头是道，可听话者却如坠烟云，纷纷议论："为什么要跟我们讲这些东西?"因此，不管这位先生有多么高深的学识，也不管他有多么高明的说话技巧，但他既没针对现象，也没有针对问题，一切都是白讲，白费力气，甚至还会产生负面影响。

马克思曾经指出："理论只要说服人就能掌握群众；而理论只要彻底，就能说服人。"所谓"彻底"，就是真知灼见，有充足的事实根据，而且严密。演讲者能够说服听众，自然就控场了。与此相反，演讲者平庸、浅薄、立论片面，而且针对性不强，听众自然不愿听，也不会听，因此也无法控场。

三、说服的技巧

如何去说服听众呢？这既是技巧，也是艺术，同时也是科学。说服的技巧，说服的艺术，同样都必须以传播学、心理学、语言学、逻辑学等作为依据，都是这些学科的综合运用。

下列说服的方法或技巧，可资借鉴。

一是拉近距离，创造气氛。日常生活中常有这种现象，关系亲切的人，没有什么话不可以说，即算是骂几句，不仅能使人信服，甚至还有一种亲切感；关系不好的人，稍有微辞，就不舒服，就有反感。对此，心理学家解释为心理相容与不相容。相容则可以相互吸引，不相容就会相互排斥。据此，便进一步提出了一致吸引律和对等吸引律的理论，并指出，这两种吸引律在人际关系中主宰着成功与失败。所谓一致吸引律，就是交际双方在年龄、性别、籍贯、职业、经历、地位、学历、兴致等诸方面，存在着某几项一致性，彼此间的吸引力就大。所谓对等吸引律，是指都喜欢自己的人，要求自我暴露和尊重相容方面对等。这是因为双方心理上的接近与沟通，彼此间的心理冲突就会明显减少，精神上的防御和警惕就会自动消除，有利于相互赞同和接纳。根据这个道理，演讲者总是努力去寻找与听众的共同点，创造良好的演说气氛，建立特殊的亲近的沟通关系，拉近心理距离，获得听众的心理认同。

“北京大学是我的娘家，回到了娘家，见到了红楼，我心中就有说不出的感情。”这是1951年6月1日，马寅初先生任北大校长的就职演说的开头。

“今天早晨，我走出旅馆的时候，看门人问我：‘将军，您上哪儿去?’一听说我要去西点时，他说：‘那是个好地方，您从前去过吗?’”这是1962年82岁高龄的麦克阿瑟重返母校——西点军校，发表《最后的演讲》的开头。

西安事变后的第四天，西安人民大聚会，张学良将军发表演讲，开头是这样说的：“我们今天在这里开会，我相信我们的心里，都是一样的！……在一二·九那天，我曾经向请愿的同学们讲，关于抗日问题，一星期内，有事实答复，想诸位还记得，那天的事情，真是给我一个大的刺激，现在我再把发动一二·一二事件的近因，也是最主要的原因，简单向诸位讲一讲。”

这样的开头，都有一个共同的特点，都是以演讲者与听众处在同一环境和共同关心的话题开始演说的，给听众产生一个特别亲切的自己人的感觉，因而极大地增加了演说的影响力。

即使是处在与听众不合作，甚至是对立的情势下，演讲者也要千方百计地改变这种局面。林肯1858年作的竞选演说就是成功的实例。

这次演讲是在伊利诺斯州南部的少数民族部落进行的。这个部落生性粗野，嗜好酗酒斗殴。奴隶主造谣煽动，制造骚乱，还扬言要杀死林肯。面对如此野蛮和对立的听众，林肯的演讲开始了：

伊利诺斯州的公民兄弟们，肯塔基州的公民兄弟们，密苏里安州的公民兄弟们——你们中的一些人警告我，说要给我些厉害看看。我不理解你们为什么要这样做。像你们一样，我是一个真诚而普通的人……我诞生在肯塔基州，成长在密苏里安州，同你们中的大部分人一样，从小靠艰苦的劳动糊口度日。我熟悉肯塔基州的人民，熟悉伊利诺斯州的人民，甚至也熟悉密苏里安州的人民，因为我曾是他们中的一个成员。因此，我了解你们，你们也应该了解我。但如果你们真的了解我的话，你们就会明白我来这里绝不会带来麻烦。既然这样，你们中的一些人为什么要这样对待我呢！公民兄弟，绝不要干这些蠢事。我们应该成为朋友一样和睦相处。我也是无数地位低下和爱好和平安定的普通老百姓中的一员——我不会无理地对待任何人，也不会干涉任何人的权力。我所渴望的所有东西，就是希望推心置腹地与你们协商问题，就是希望你们能给我赤诚相待的心。肯塔基州的公民兄弟们，密苏里安州和伊利诺斯州的公民兄弟——勇敢而爽直的公民兄弟们——我相信你们一定会这样做。现在让我们像亲如手足的兄弟一样，开始讨论问题吧。

林肯在这里，尽量把自己说成听众中的一员，而且说相互很了解，目的在于缩短距离，然后再谈自己的希望，说得很诚恳，以增加听众的信任感，接着肯定他们的品格，进一步消除敌意，因而化敌为友，变对抗为接纳，为自己的竞选演说扫清了障碍，创造了良好的气氛。

二是旁征博引，发挥名人效应。一个演说者要把一个观点、一个看法、一个意思基本说清楚并不是一件很难的事，但是要给听众一种厚重感，要多方位地开启听众的思维，却不是轻而易举的事了。尤其是某些有见地带结论性的地方，不借助名人伟人的建树，往往使听众将信将疑，不会完全信服。为了加强对听众的说服力，演讲者常常旁征博引，引用一些经典性的论述。1994年，在新加坡举行的两年一度的全国华语演讲大赛中，一位印度姑娘以《我与汉学》为题，从自己长期从事汉语学习与研究的体会中，着重谈了中国的传统文化，她认为，中国的历史发展到春秋战国时期，以孔子为代表的儒家学说，就已经为中国传统文化奠定了扎实的基础，她历数儒学在各个朝代的演变发展过程，最后她得出结论："经过两千多年的不断发展，不断完善，一个以儒学为核心的中国传统文化，终于以其夺目异彩璀璨于人间。它不仅一代又一代地孕育着炎黄子孙，同时也对世界的文明与进步产生了不可估量的影响。"一个外国人，对中国的传统文化能了解得如此全面，如此透彻，能有如此的见地，并且站在新加坡的讲台上，用流利的标准的普通话演讲出来，这的确是难能可贵的，同时也令新加坡的听众茅塞顿开。但是，为了使听众确信无疑，在讲完这段话之后，她又作了几段引证，她说：

> 正因为如此，中国人称孔子为"至圣先师"，外国人说孔子是"真理的解释者"（伏尔泰语）。正如宋朝著名理学家朱熹说的："自尧舜以下，若不生孔子，后人何处去讨分晓？天不生仲尼，万古如长夜。"

这些引证，不仅是对结论的佐证，同时也增强了演讲的权威效应。

三是设喻明理，深入浅出。汉朝刘向在《说苑·善说》中记载了这样一个故事：

> 客谓之梁王曰："惠子之言事也善譬，王使之无譬则不能言矣。"王曰："诺。"明日见，谓惠子曰："愿先

生言事则直言耳，无譬也。”惠子曰：“今有人于此有不知弹者，曰：‘弹之状何？’答曰：‘弹之状如弹。’则谕乎？”王曰：“未谕也。”于是复应曰：“‘弹之状如弓，而以竹为弦’则谕乎？”王曰：“可知矣。”惠子曰：“夫说者故以其所知，谕其所不知，而使人知之。今王曰无譬，则不可矣！”王曰：“善！”

为什么说“弹”别人不知道，而说“弹”像“弓”，就使人理解了呢？就因为“弓”是人们常见的武器，很熟悉，“弹”，见得少，陌生。刘向在这里强调了比喻在说理中的作用。要说服别人，要使人接受，首先就必须使人理解，使人听懂，否则，再好的道理，再好的意见或办法，说出来也是白说。1905 年，爱因斯坦在《物理年鉴》上发表了长达 30 页的论文，以其深奥的理论阐述了狭义相对论，这一理论是超越了同时代人的理解能力的。怎样才能使人理解呢？他曾经向一个疑惑者作出这样一个通俗的解释，他说：“如果你在一个漂亮的姑娘身旁坐一个小时，你只觉得坐了片刻；反之，你如果坐在一个热火炉上，片刻就像是一个小时，这就是相对的意义。”恰当地运用比喻，这是说服人的有效的手段。比喻的作用就在能用具体的取代抽象的，用有形的取代无形的，用熟知的取代陌生的，用通俗的取代深奥的，这样，不仅能使人听懂，而且使人凭借具体的、生动的、熟知的事物多方面启发思维，增强理解。

“思考要像圣人，说话要像凡人。”其实，亚里士多德早就指出了这一点。这就是思考要深刻、严密、精辟，而说出来却又是通俗易懂、深入浅出，也就是说不平庸、不浅薄、不鄙俗，也不是似懂非懂、不懂装懂，更不是故弄玄虚、故作高深。

四是正反对比，震撼心灵。是与非、美与丑、善与恶，对比之下，形成极大的反差，正是这种反差，才产生极大的震撼力，也正是这种震撼力才迫使人们不得不洗心革面，弃恶扬善，“像热烈地主张所是一样，热烈地攻击所非”。这同样是演说者说服听众的一种有效手段。例如，在一篇题为《朋友，你到底要什么》的演讲中，演讲者用了两个事例：

> 有一个干部子弟，出身好，很富裕，他要什么，父母就给什么，可他并不满足，一直在偷东西，把厂里价值10万元的钻石偷出去卖了。事情败露后，他的父母想用钱给他抵罪，可是法律不允许，他被判处死刑。临刑前，他妈妈去探监，冲着他哭喊：“孩子，你到底要什么?”
>
> 最近，我的一个亲戚从老山前线回来，他也是20岁，本来是一个很活跃的青年，可是现在却变得非常深沉。为了使他高兴，他父母给他买了照相机、吉他，可是他还是不感兴趣。我不解地问他：“你到底要什么?”他看看我，突然激动起来，说：“这些东西，能使我的那些打瞎了眼的战友重新见到光明吗？能使在我身边牺牲的同志们重新拿起冲锋枪吗?”

一个湮灭于贪图物质享受之中，一个沉浸在战友牺牲的悲痛之中，一个卑微，一个伟岸，一个自我毁灭，一个激励奋进，孰是孰非，何去何从，在血淋淋的事实的震撼中，听众不是很明白了吗?

这种正反对比的方法，不仅用于事例的对比，即使是纯粹的议论说理，演说者也可从正反两方面进行说理。例如：“当面不说，背后乱说，开会不说，会后乱说。不是为了团结，为了进步，为了把事情搞好，向不正确的意见斗争和争论，而是个人攻击，闹意气，泄私愤，图报复。”等等，这同样造成一种强烈的反差，同样可以造成心灵的震撼，迫使听众坚持正确的，修正错误的。

五是有的放矢，不无中生有。“凡说之难，在知所说之心。”这是韩非子在《说难》中早就指出过了的。演说好比放箭，放箭要对准靶。这个“靶”就是听众的实际情况，即想法、意见、主张、情绪，或需要回答、需要解决的问题，也就是韩非子所说的“心”，没有对准这个靶，也就无所谓说服了。要对准听众这个靶，演说者除了在确定演讲的主题，选择演讲的材料等方面加强针对性之外，在演讲的实施过程中，还常常针对听众中的一些不正确的想法、错误的言行加以批评，对影响较大的谬论加以揭露和批判，也就是说采取正面说理与反面批评（或批判）相结合，先立后破，或边立边破的手段。1959 年 6 月 12 日，杨献珍同志在中央党校以《坚持实事求是的作风，狠狠批判唯心主义》为题的谈话，是堪称典范的。当时，全国刮起了共产风、浮夸风、瞎指挥风，既严重地损坏了党的形象，又直接破坏了国民经济建设。面对“黑云压城城欲摧”的险恶局面，杨献珍同志以大无畏的革命豪情，鲜明地指出，坚持实事求是就是坚持唯物主义，就是要反对形而上学，就是要强调人民群众在历史上的作用。在阐述这些基本的哲学观点的过程中，他就当时特别盛行的几种荒谬的说法和做法一一给予了尖锐的批评。他说：“有人说，‘实践就是理论，读书就是教条’。反对厚古薄今，连马恩列斯著作也成‘古’了。读马列主义的经典著作，也被人说成厚古薄今。去年某地有一个同志偷偷地读《资本论》，怕人说他厚古薄今，就在《资本论》上放一本《红旗》，把《资本论》盖上。教条主义是主观主义的一种表现形式，不读书就不会犯主观主义的错误吗？我看靠不住。”对于当时流行最广，影响极坏的“人有多大胆，地有多大产”的说法，他一针见血地指出：“胆量等于产量，思想等于行动，这到底是唯物主义还是唯心主义？弄虚作假总不能算唯物主义吧！”在批评浮夸风、定高指标的做法时，他举了几个例子。有个生产队种了一块麦田，指标是亩产 60 万公斤，其措施，一是密植，二是施特殊肥料——狗肉汤。他们打死 70 多条狗，熬成狗肉汤浇到地里。为了响应“人人写诗超杜甫”的口号，有个工人把机器开动后，到一边写诗去了，出了事故，工厂着火，损失 70 万元。说到这里，杨先生幽默地说：“这诗真值钱，真是‘超杜甫’了。”有所火箭师范学校提出“7 天学完全部数学”，甚至有人主张，“高级党校最好是 7 天一期，最多半个月”，杨先生又风趣地说：“真要照此办理，西藏的学生来到北京就该回去了。”等等。整篇谈话，既从正面阐明了马克思主义的基本哲学观点，又对当时的各种谬论、各种错误给予了尖锐的反驳与批评。正因为采用了正面说理与反面批评相结合的手法，针对性特别强，因而也特别能说服人。

但是，这种针对性很直接的批评不可太多，应坚持以正面说服为主，尤其不可无中生有。例如，师范院校为新生入校进行入校教育，说到师范生待遇少，地位低，就批评“走对了路，入错了门”的说法；每年一到三月份学雷锋，就说什么“雷锋无户口，三月来，四月走”，并举例说，某某工厂、某某机关，上街学雷锋是多少钱等等。显然这些谈话或演讲的方式是不恰当的。正如有的学生说，为什么要跟我们讲这些？不讲，我们心里没事，一讲，反而有想法了。对听众来说，这种谈话或演讲方式，就是一种无中生有，无事生非，而且还会导致听众对这些不正确的、错误的说法或做法的认同。从众，是听众的一种普遍性的心理状态。在这种心理状态的驱动下，听众还可能去进一步寻求各种根据，包括见过的、听过的、经历过的，但当时却并没有在意，听了演讲，反而强化了这些不正确的看法或做法。这样，演说者不仅不能说服听众，反而导致了对抗。这是演说中十分可怕的结果。

六是分清情势，灵巧多变。双方处在一种平等和谐的状态下，演说者要说服听众，多少可以收到一定的成效，至少不会有什么风险。但是，若处在一种不平等，譬如，下级对上级，弱者对强者，分歧很大，甚至根本对立或对抗的情势下，要说服对方，要改变对方的意见、主张、想法或做法，这将是十分困难的，甚至还会有一定的风险性。这里的关键在于分清情势，采用灵巧多变的手段展开说服。我们有的演说者、说话者却常常忽略了这种策略，一说自己的主张、意见、做法，就要求听众或对方一定要这样做，必须这样做，甚至对自己的上级，或不相隶属的对手也这样说。这样演说，这样说话，最容易引起逆反心理，最容易引起反感。

还有，如果遇到蛮不讲理的强者，运用一定的技巧，也可以弄得强者理屈词穷，不得不改变原来的态度和做法。这同样是一种说服的方法。1945 年日本帝国主义投降之后，由各战胜国组成一个远东国际军事法庭审判日本战犯。梅汝璈作为中国法官参加审判。开庭前，围绕排座次的问题，美国、英国、(前）苏联、加拿大、法国、中国、新加坡、荷兰、印度、菲律宾的十国法官展开了激烈的争论。当时的中国虽然号称“四强之一”，可国力不强，徒有虚名，座次可能排在后面。面对这种以强凌弱的局面，梅法官说：

> “我认为，法庭的座次应按日本投降时各受降国的签字顺序排列最合理。首先，今日系审判日本战犯，中国受日本侵略最广，而抗战时间最长，付出的牺牲最大，因此，有八年浴血抗战历史的中国理应排在第二；再者，没有日本无条件投降，便没有今日的审判，按各受降国的签字顺序排座，实属顺理成章。”
>
> 停了停，梅法官微微一笑说：“如果各位同仁不赞成这一办法，我们不妨找个体重测量器来，然后按体重

之大小排座。体重者居中，体轻者居旁。”

各国法官忍俊不禁，由盟军最高统帅麦克阿瑟指定为庭长的韦伯笑着说：“你的建议很好，但它只适用于拳击比赛。”

梅法官回答说：“若不以受降国签字的顺序排座，那还是按体重排好。这样，纵使我被置末座亦心安理得，并可以此对我的国家有所交待。一旦他们认为我坐在边上不合适，可以调派另一名比我肥胖的来换我呀。”

这回答引起全体法官大笑，但也不得不按受降国签字顺序排定法官座次。

这是一个很管用的说服技巧。首先从正面义正词严地阐述一个正确的主张，然后诙谐地摆出一个荒谬的做法，造成一个非此即彼的局面，如果对方不采用正确的主张，势必就陷入一种荒唐的做法，逼着对方非接纳正确的主张不可。

第五节　临场处变

临场处变，是指演讲者在发表演讲时，面对着主客观的、意外的、非正常情况的阻碍和干扰，采取应急措施加以调控，从而使演讲活动能够继续进行的一种技巧，同时也是演讲者适应事物发展变化的快速反应能力，是一种特殊的智力定向能力，是一种应对处理各种意外情况的良好心理素质。

一、临场处变的意义

演讲活动一般都是在有充分准备的基础上进行的，即算是即席演讲也都有一定的准备时间。但是，由于演讲中主观和客观诸方面的原因，出乎意料之外的因素总是难免发生的。在这种情况下，当机立断，临场处变，就是十分必要的了。

一是克服演讲中的障碍，完成预定的演讲计划。演讲中所遇到的障碍有多种情况：有来自演讲者本身的，如演讲者初次登台讲演，怯场或者忘词、离谱、讲错、手足无措，或者准备的内容过多，超过原定演讲时间；有的来自听众方面，如听众骚动不安，喧哗、起哄，有严重的排斥情绪；有的来自演讲主持人或组织者的，如演讲环境不够理想，演讲设备出现故障，演讲气氛不够协调、和谐等等。在这些情况下，演讲者如果不能随机应变，做出妥善处理，就会使演讲者和听众，以及演讲主持人或组织者三方都陷入十分尴尬的境地，使演讲归于失败。俗话说："救场如救火。"如果在关键时刻，能作出合乎实际的恰当的临场应变，就能使演讲者变被动为主动，使演讲顺利完成预定的计划。

二是调控演讲氛围，提高演讲效果。有时在演讲进行中虽然没有遇到什么严重的障碍和困难，但是演讲者仍然可能从听众的目光和神态中，感受到某些不十分和谐、协调的情况。演讲者体察到这种情况后，如能迅捷地作出反应，从演讲内容和演讲方式等方面进行机变，就可以排除干扰，克服听众中的"弹性"，增强演讲中的"磁性"，调节演讲者和听众的关系，缓和演讲者和听众之间的矛盾，改善演讲气氛，提高演讲效果。

二、临场处变的技巧

演讲中的临场应变技能，是演讲者应具有顺应演讲时境的变换而反应灵敏、变化自如的一种能力，是演讲者综合素质的集中反映。演讲者应该从自己的演讲实践中，加深体验，不断总结经验教训，纯熟地掌握应付突然事变的方法，这样才能对演讲中出现的意外情况，妥善处置，稳操胜券。

（一）察微见著，沉着冷静

在演讲中，要充分发挥视觉、听觉等多种感觉器官的作用，要有眼观六路、耳听八方、察微见著的本领，善于捕捉听众各种细微的情绪变化和反应，注意信息的输出和反馈，通过分析，作出准确的判断和迅捷的反应。切忌只顾自己滔滔不绝地讲，而对听众中出现的各种情绪变化，置若罔闻，听之任之。当会场出现突然事变时，演讲者要冷静、沉稳，“每临大事有静气”，既不能头脑发热，心血来潮，感情用事，大动肝火，做出失去理智的行动，以致不可收拾，也不必惊慌失措，灰心丧气，甚至中途退场，使演讲彻底失败。正确的做法应该是有一个震慑全场的气概，始终保持充分的自信，以顽强的毅力和韧性克服一时的骚动，采取适当的措施，慎重从事，使演讲能够得以顺利进行。

（二）处变不惊，及时调控

在演讲过程中，由于诸种因素的影响，往往会使演讲会场出现一些不利于演讲的场面，诸如听众情绪浮躁，会场骚动，或交头接耳，或东倒西歪，昏昏欲睡，或反应冷淡，随意走动，或起哄喧闹，吹口哨，喝倒彩，鼓倒掌等等。针对这种场面，演讲者要善于调节和控制，有效地调动广大听众的注意力，使演讲者沿着正确的方向发展。

演讲会场的许多骚动，相当程度是因为听众逆反心理造成的。造成听众逆反心理的因素很多，演讲者应根据听众不同的逆反心理，采取不同的去逆方法。当演讲者的立场、观点、看法与听众相对、相矛盾时产生的逆反思维和意识，演讲者应随时掌握听众反馈过来的意向，注意言词成理，言词有据，“拉”着听众一起向真理“靠拢”，切忌高谈阔论，同时，演讲者应注意加重现身说法。当演讲者把听众当知心朋友和亲人而讲述自身的独特经历和感受时，会场会突然变得鸦雀无声，听众都在屏息细听。这是因为演讲者讲述的事实与演讲者本人的经历与感受和谐地融为一体，使听众感到真实可信，感人至深。另外，个人经历中往往包含着隐秘，除亲朋好友外，一般不愿在公开场合公之于众。

现在演讲者居然面对听众讲了，那么听众也会把演讲者当作无话不谈的知心人。这样，台上台下的那堵无形的墙便自然地推倒了，听众逆反心理就会随之消失。

当面对看书报、织毛衣、交头接耳、昏昏欲睡等消极场面时，演讲者不能泄气，也不能听之任之，硬着头皮讲，应付了事，更不能怒气冲天，大动肝火。而要理智地控制住自己的情绪，镇定自若，冷静从容，不露声色而又分析其原因，变换演讲方式：或增加幽默感、诙谐感、趣味性，以此活跃气氛，消除倦意；或加大声音力度，加快语言速度，以此振奋听众情绪；或采用停顿、提问的方式，调动听众的思维。面对此种情况，演讲者心里要“热”，处理要“冷”，采用“热方法”“冷处理”为好。

（三）出现失误，及时补救

在演讲过程中，不论是初涉讲台的演讲者，还是久经沙场的演讲者，出现失误和料想不到的意外，这是常有的事。为了尽量减少由于失误和差错造成的不良效果，演讲者必须及时予以补救。

一是对错话的补救。演讲时，演讲者由于心情紧张，临场发挥不好而说错了话，或由于讲述过快而说漏了嘴，或由于现场意外被其他的人或事吸引造成了错误，或由于情绪过激用语不当而出现差错等现象时有发生。当演讲者觉察到这种失误时，都要及时采取补救措施，不能置之不理，将错就错。当然，补救的方法应该讲究，立即声明“刚才讲错了”也是没有必要的。正确的方法应该是先把讲错的话搁置一旁，接着正确的讲法再讲一遍。这样做虽有重复之嫌，但总可纠正谬误，或者把讲错的话当作反面论题使用，即兴加以一些话来驳斥、圆场。

二是对忘却的补救。演讲中，忘词、“卡壳”的现象是经常发生的。缺乏经验的演讲者，面对此种情况，往往心理紧张，额上冒汗，手足无措。如果听众发出唏嘘声、嘲笑声、鄙视声，就会越发不安，造成中途退场，演讲失败。这对演讲者来说，无疑是最不体面的事。富有经验的演讲者则能够冷静地处理这些情况。最常用的办法是随方就圆，忘掉就忘掉，想到哪儿就从哪儿讲起，只是加强一些语句的过渡和衔接。这虽然要丢掉一些内容，但听众不易觉察，不致破坏听众情绪，涣散听众的注意力而导致演讲失败。如果被忘却的话是很重要的内容，当想起来后，还可以重新插进去讲，不至于因忘却了演讲内容而失掉了演讲分量。为了避免发生忘却现象，演讲者要注意这样几点：一是情绪上自始至终放松，不要怯场，不要紧张；二是除特殊情况外，演讲者要保持用适中的语速、语调或平时试讲练习时的语速、语调演讲，这样即可避免因语速、语调改变而出现忘却现象；三是思想不要开小差，不要去想与演讲无关的事；四是要精神饱满，精力充沛，不要被听众的某些不良情绪所干扰，受影响。

技巧实践

一、模仿训练

（一）李燕杰有次到首都一家医院去演讲，当他走上台时，发现台下的听众有的看书，有的看报，有的在闲聊，好像并不在乎他来演讲。面对这种场合，他从容镇定，打头就高声朗诵他的一首即兴诗：

每当我忆起那病中的时光，
白衣战士就引起了我深情的遐想。
他们那纯洁的诗，心灵的美，
还有那圣洁的光，
给我以顽强生活的信心，
增添我的力量！
……

随着他深情的朗诵，听众被打动了，全都把目光集中到他身上了，会场的气氛骤然变化了。

模仿这种调控手段，分别针对教师、职工、解放军战士设计三段调控语，并讲出来。

（二）一位演讲者给警校的学生演讲，时间较长，会场纪律不够好。这位演讲者灵机一动，突然发问："同学们，现在我向大家提一个问题：在我们国家谁有资格把国徽戴在头上?"大家一愣，随即齐声回答："我们!""是的，你们。你们是我们国家的保卫者，应该有高度的政治觉悟和铁的纪律。下面我就给大家讲爱国主义问题。"学员们又精神振奋地听下去了。

假如听众是大学生、工人、干部，你将怎样调控这种场面?

（三）一次，美国总统里根在白宫钢琴演奏会上讲话时，夫人南希不小心连人带椅跌落在台下的地毯上，观众发出惊叫，但南希却灵活地爬起来，并在宾客的热烈掌声中回到了自己的座位上。正在讲话的里根打趣地说："亲爱的，我告诉过你，只有在我没有获得掌声的时候，你才应该这样表演。"一句话，引起了全场轰笑。

假如你在演讲，主持人或者前排的一名听众，同样发生了像南希跌落的情景，请你模仿里根说话的方式说一句话，把听众的注意力重新调控到你的演讲中来。

二、话境训练

一群下岗职工来到市政府接待室，他们提出要工作，要吃饭，孩子要读书等等，情绪十分激烈，声言见不到市长，讨不了回答就不走，大有滋事之势。你作为市政府一名接待人员，怎样才能调控这个场面?

请参考周恩来同志的调控技巧：

西安事变之后，周恩来同志率中共代表团到达西安。一天，他接受了王曲军官训练团的邀请，只身赴会。

到了王曲军官学校，气氛十分紧张。周恩来同志面带微笑登上讲台，随和地说："我今天来贵校，是要听听诸位的意见的，希望大家不要拘束，'天下兴亡，匹夫有责'，何况我们是爱国军人？"

台下有人大声问："蒋介石丧权辱国，罪大恶极，为什么不杀？"

周恩来同志没有立即回答，他只是接过话茬，说："这个问题提得好！"

决口打开了，青年军官们把心中要说的话全倒出来："不杀他，捉他干什么？""不杀蒋介石，后患无穷！""不杀不足以平民愤！"……

直到大家把话几乎说尽时，周恩来同志才大声地说："要杀，这有什么困难，一句话就行了！"

出乎意料的回答，把全场的人都镇住了。

周恩来同志没有继续讲杀不杀的问题，话锋一转，讲开了西安事变以后国内外的政治军事形势，然后，又自然地回到原来的话题。把不杀蒋介石对制止内战，逼蒋介石抗日的道理讲得明明白白，使广大青年军官心里的疑团，一个个都解开了。

但有人还是不服，质问："你们共产党一向是主张反蒋抗日的，为什么现在变了？"

"你的意思是说，我们和蒋介石打了10年仗；势不两立，为什么不趁机报仇，处置了他，是吗？"周恩来温和地反问。

"对，就是这个意思。"

"好，我来回答你的问题。"周恩来深沉地说："我们红军有位将领，叫徐海东。他全家36口人呐，35口全叫蒋介石杀害了，很惨啊！他的这个仇够深的了吧？可是，这次他还是主张不杀蒋介石。为什么？因为他是共产党员。对共产党员来说，民族和国家的利益高于一切。"

这时全场的军人都感动了，爆发出一阵热烈的掌声。

提示：听众的情绪激昂，没有充足的理由说服他们，是很难控制场面的。周恩来同志一方面从当时的国内外的政治军事形势说服大家，另一方面，又以徐海东的典型事例晓以大义，使听众深受感动，从而控制了可能发生的骚动。

第五章 基本表达技巧

无论是写文章还是发表演讲，都离不开叙述、描写、议论、说明、抒情这样几种最基本的表达方式。在使用过程中，两者虽然没有本质的区别，但前者是笔写纸载，供人阅读，后者是口说声传，作用于听，因而使用起来仍然有所不同，从而体现出不同的技巧。

第一节 叙 述

叙述，是说出事态的基本过程，人们的基本活动，事物的基本形态，使接收者有一个基本的整体的了解。

叙述，在一般口语交际中，可以边看边说，看过就说，甚至想起来又说，因而简便迅捷，真实可信，加上现代化的传媒手段，世界上任何一个地方发生的事，用叙述的方式表达，几分钟之内，就可以家喻户晓。

在演讲中，一段清晰、精当的叙述，不仅使听众了解事情的来龙去脉，了解事态的全貌，而且还能恰当地表达演讲者的思想感情，使演讲具有不可撼动的说服力。

常见的叙述方法有三种，一是概括叙述，二是详细叙述，三是夹叙夹议。

一、概括叙述

概括叙述，就是用简略的语言，对事件、人物、事物作粗略的叙述，只着眼于全貌，省略局部与细节。例如，著名学者姜亮夫先生的曾孙女是这样介绍这位先生的：

> 姜亮夫是我的太爷爷，出生于云南昭通。早年毕业于清华大学国家研究院，师从王国维、梁启超等名师。1929 年以后，先后担任暨南大学、复旦大学教授，并在进步的北新书局任编辑，其间师从章太炎先生并得到鲁迅先生的教诲。1935 年，远渡重洋游学巴黎、伦敦、罗马、柏林。抗战时期回到祖国，任西南联大教授。新中国成立以后，他又潜心从事人文研究和教育事业，成为我国著名的楚辞学、敦煌学、语言学、历史文献学家。

简短的一段话语，把姜亮夫先生的出生、求学、取得的成就都说得清清楚楚，没有细节，不饰辞藻，但从曲折的经历中，仍然使人感觉到，这是一位学识渊博，经历丰富，曾经为整理和传播中华民族传统文化作过重大贡献的学者和教育家，令人肃然起敬。

这种叙述一般用于时间和空间跨度比较大的事物，只注重过程的交待，因而说起来宜粗不宜细。粗略，说起话来流动快，信息量大，给人一种轻松和利索的感觉；琐细，絮絮叨叨，半天不得要领，反而给人一种板滞和沉闷的感觉。

二、详细叙述

详细叙述，就是既把事物的过程说清楚，又把过程中某些细节说得具体、真切。这种叙述，比起概括叙述显得具体生动些，但又不及描述细致感人，仍然只着眼于事物的整体勾勒。例如，叙述 1995 年 10 月的一天，朱镕基总理在云南昭通走访一位彝族农民家庭：

总理弯着腰走进了彝族农民杨长才家，严格地说，那根本不叫个家，茅屋又矮又破，又潮又黑，正是吃饭的时候，火塘里烧着几个鸡蛋大小的洋芋，总理紧挨着杨长才坐在火塘边的破木板上，看着火塘里的洋芋，总理问杨长才："早上吃些什么?""吃洋芋。""午饭吃什么?""吃洋芋。""晚饭还吃洋芋吗?"杨长才回答："是的。""一天三顿都吃洋芋啊?!"总理的声音很低，杨长才补答一句："是的。"这时候，总理的眼睛湿润了，泪光在火塘光的映照下特别晶莹。

这是一段振聋发聩的叙说，我国竟还有如此贫困的农民！我们有如此关心农民疾苦的总理！这种感慨源于一种具体真切的叙述。整段叙述，除了时间、地点、环境、人物、事态过程的交待之外，尤其突出了总理与杨长才的一段对话。没有渲染，没有铺张，似乎是把一件曾经发生的事原原本本地叙说出来了。

比起概括叙述，详细叙述所叙述的事件显然时间与空间的跨度要小得多，尤其注意突出过程中的某个局部，不仅具体，同时还具有一定的动态感和画面感。这种叙述，近似描述，但描述更形象，更具有想象力。

三、夹叙夹议

夹叙夹议，就是在说事的过程中，同时对事态给予恰当的评判，边叙述边议论，不仅把事态说清楚，而且还带有强烈的情感倾向，常常是一种事、理、情的高度结合，比起前面两种叙述更具有感染力。例如，一位演讲者在叙说一名纪检干部的儿子遭歹徒报复时，他是这样说的：

1993 年 4 月 14 日，丁大姐 12 岁的独生子突然失踪。一天、两天，凡是孩子能去的地方都找遍了，但始终没有踪影。此时，丁大姐想了很多，作为纪检书记，对于各种威胁和恐吓，早已习以为常了，而她万万没有想到的是，报复的黑手竟会伸向自己的儿子。5 天后，儿子终于在一个废弃实验室的冰柜中找到了。望着爱子的尸体，丁大姐一头栽倒在地。两天后，老母亲也因承受不住失去了孙儿的巨大悲痛，离开了人世。

失子，找子，找到尸体，母亲去世，这是这段话要叙述的事实，但在叙述中，却插入了一节当事者心态的表白。正是这几句话的插入，不仅使叙述的事态骤然紧张，更重要的是表明了演讲者对邪恶势力的愤怒谴责。显然这种叙述方式比起前面两种较客观的叙述方式，效果要强烈多了。

第二节　描　述

一、情景再现

描述，是运用具体形象的语言，把事物的情景绘声绘色地再现出来，给接收者一种如见其人，如闻其声，如临其境的真实感。这就是前苏联著名演讲理论家阿普列相在《演讲艺术》一书所提出的“情景再现”。一位演讲者在说到一次车祸之后于火葬场亲眼目睹的一个催人泪下的场面，他是这样描述的：

这里又是一幕惨不忍睹的场面：一个十来岁的小女

> 孩，由爸爸牵着，匆匆赶来见妈妈最后一面。只见她急促地绕过一具又一具尸体，来到妈妈的遗体前，“咚”的一声跪在地上，她没有失声痛哭，也没有嚎啕大哭，只是两眼直愣愣地望着妈妈，泪水扑簌簌地滚落下来，前襟湿了一大片，谁也拉她不走。可是，当火葬场的工人要将她妈妈的遗体送往呼呼燃烧的火炉时，她如梦方醒，拉着，赶着，撕心裂肺地喊着：“妈妈、妈妈，我要妈妈呀——”可是，阳光的色彩再也无法映入妈妈的眼帘，女儿的声音再也无法将妈妈唤醒。

听了这段描述，全场的听众无不泣不成声，无不扼腕叹息。其所以能产生如此强烈的感染力，就在于演说者不是简单地叙说了这场车祸，而是从整个事态中，精心挑选了一个最具感染力的场面，而且把说话的视点聚焦在这个女孩身上，孩子的动作，表情变化，声音，都活灵活现地再现出来了。没有这种“情景再现”，是不可能感动听众的。

演讲中的这种描述，一般地说，是一种真实的再现，这种真实是生活的真实，而非艺术的真实，具有很高的可信度；描述很直观，很具体，很形象，具有一定的审美价值；描述的过程，常常又渗入了演说者炽烈的情感，具有很高的感染力。正因为如此，阿普列相又在《演讲艺术》一书中把演讲家称之为“讲坛上的作家”。

二、描述与描写的差别

把一件事情清楚地叙说出来，似乎难度并不是特别大，而要活灵活现地描述出来，着实需要良好的口才。

演讲需要描述，写文章，尤其是文学创作中更需要描写。描述也罢，描写也罢，其实都是把客观事物生动形象地再现出来，从这个意义上说，两者并没有本质的区别。然而，描述是口说，作用于接收者的听觉；描写是笔写，作用于接收者的视觉。因为载体和传输的方式不同，它们之间的差别也是显而易见的。

第一，描述是口述，自然要符合口语发声的规律。一是要顺口。少用单音词，多用双音词；少用文言和生僻的词汇，多用明快熟悉的词汇；少用虚词，多用实词。二是发音要响亮，能用开口呼的词，绝不用闭口呼的词。描写是笔写，只要能准确、鲜明、生动地表达出来，怎么用词，怎样组句，全都没有这些顾忌。

第二，描述是说给别人听，作用于听觉，一件事，一个人，一段风景，一件什物，十几秒、几十秒、分把钟就说完了。要在短暂的时间内让听众明白，领会到，留下深刻的印象，甚至还能产生丰富的想象与联想，就必须抓住描述对象最基本的特征，用简洁明快的言语说出来，线索不宜太复杂，描述不宜太细腻。太复杂，太细腻，听众反而听不明白，记不住。我国四部古典小说，原本起源于民间的说唱，带有鲜明的口语特色。然而，《水浒传》、《三国演义》就比《红楼梦》的流传广得多，中国的老百姓有几个没说过或听过这两部小说的人物故事？这种现象除了其他种种原因之外，其中一个不可否定的原因就因为这两部小说的情节线索较单一，描述较粗犷，比起《红楼梦》，好说多了，好听多了，而且好记。描写是给人读的，复杂一点，细腻一点，没关系，读一遍不明白，再读一遍，可以反复读，反复领会，反复记忆。

第三，描述，除了说话之前准备了讲稿，在通常的言语交流中都是边看、边想、边描述，就像宋世雄作体育比赛的现场报道那样，现看、现想、现说，频率快，流动感强。这种描述的语言，相对于描写，语言组织或许显得松散些，内部结构也可能不及描写语言缜密，但从整体效果来看，却反而比描写更真实，更生动，给人以“清水出芙蓉”的灵动感。

三、描述的技巧

演讲中的描述与书面描写虽然有某些差别，但书面描写中不少的技法却同样适用演讲。譬如细描、白描、直接描写、间接描写等等，无不可以用于演讲。技艺存乎一心，优秀的演讲者，常常表现在各种技法的别出心裁的独到运用。

一是繁中求简。将纷繁复杂的事物聚焦于一点，突现一个局部，显现一两个细节。这在书面描写中虽然同样是常见的技法，然而，对于演讲来说，也许更需要。它要在声音传播的一瞬间，给听众造成一种特别的印象，甚至立即在听众眼前展现出一幅鲜明的、可感可触的画面。要获得这种效果，也许繁中求简的手法最管用。前面，我们说的那一场车祸之后，一位演讲者对火葬场所作的描述。遇难者那么多，那么多的死难者家属都在场，场面是那么纷繁，可演讲者只就其中的一个女孩展开描述，说到女孩，又只集中在几个动作上，其中特别突出她一个神情变化，即木然跪下流泪转而撕心裂肺的哭喊。描述是那么简要，却给听众留下特别深刻的印象，特别感人，效果特别好。印度的拉米雅·沙尔玛，在1994年新加坡全国华语演讲大赛中，她甚至把这种描述聚焦在一双眼睛上，她演讲的内容是孝敬父母，一开场她是这样说的：

> ……朋友们，你们猜，我最先看到了什么？我看到了一双眼睛，那是我慈祥的妈妈的眼睛。此时她正坐在台下，向我投来温存、信任、鼓励和鞭策的目光……

既简洁形象，又真实切题。试想，演讲者不采取这种聚焦的手法，而是絮絮叨叨地作全方位的描述，是绝对不能获得这种效果的。

二是铺排点染。就是在铺陈排列的基础上，突出渲染其中的一点，一个局部，一个细节。这对于场面宏大，气氛热烈的场面，用这种技法说出来，既有整体感，又有形象感，气势恢弘，感人至深。一位演讲者在讲述一位警察与歹徒搏斗而英勇献身的事迹之后，他特别叙说了人民群众为烈士送葬的感人场面，他说：

> 还记得在那个阴雨连绵的日子里，有整整10万的山城市民自发地来给这个普通的户籍警送行。队伍中有白发苍苍的老人，也有呀呀学语的孩子，有公务繁忙的市长，也有平凡的工人、学生、解放军战士，还有和振龙朝夕相处的战友。五里长街，泪流满面的人们追随缓缓而行的灵柩，悲切的泪水潸然而下……望着振龙的遗像上那定格在黑白之间的笑容，忆起他生前的点点滴滴，想到歹徒穷凶极恶的21刀，被悲怆凝固的人群中突然有人高呼：“人民警察万岁！”人们终于找到了真情宣泄的口子，顿时，10万人齐声高呼着：“人民警察万岁！”“人民警察万岁！”那声音感人肺腑，震撼大地，响彻云霄！

这是一个十分壮观的场面，很感人，具有强烈的震撼力。演说者如果不对方方面面送别的人们作一种铺排叙说，就不可能形成一种整体感，也不可能产生一种感人的态势，如果没有后面对呼口号的精心点染，就更不可能如此感人，前面的铺排便会缺乏一个聚焦点，即算壮观，但并不深刻感人。

三是扣动心弦。能否紧紧扣动听众的心弦，这也许是口头叙说的关键。为此，演说者或巧设悬念，或层层渲染，或前呼后应，或纵横穿插，等等，尽可能地打破因为平铺直叙而产生的沉闷，尽可能地激发听众的兴趣，集中听众的注意力。一位演讲者在赞扬一位女反贪局长的奉献精神时，她是这样开场的：

> 朋友，你是否可以为一个幼稚的孩子设想一下：当清晨醒来时，母亲不在身边，帮他穿衣的是老师；当他生病躺在床上需要关怀时，陪伴他的不是亲爱的妈妈，还是老师；当盼望已久的“六一”儿童节到来时，陪他唱着歌，领他进公园的不是母亲，依然是老师。这孩子会怎么想？
>
> 一千个孩子也许有一千种回答。然而，有一个孩子的回答让我大吃一惊，他说：“我想把妈妈的办公大楼炸掉!”我问他为什么，他的回答很简单：“办公大楼炸掉了，妈妈就没有地方加班了，就有时间陪我了!”

接着，在讲完这位反贪局长一连串的公而忘私的事迹之后，演讲者特别描述了一个细节。一天，她办案回来，突然想起孩子白天打来的电话，一看台历，这天是孩子的生日，便急匆匆地赶往寄养孩子的老师家里，孩子早就睡了，她走到孩子的床边，展现在眼前的是让她百感交集的一番景象：

> 孩子半倚着，小小的身子躺在小床上，赤裸在被子外面的小手依然紧紧地握着妈妈的照片，脸上的泪痕仍然依稀可见。××情不自禁地伸手去抚摸孩子，浅睡的孩子侧过身去，小手在被子上来回地抓着，小嘴唇一张一合，似乎是在哭：妈妈，妈妈。此时的××再也抑制不住泪水，昔日对孩子的歉疚，犹如滔滔江水在胸中奔涌翻腾。

一个孩子怎么会说出要炸掉妈妈办公的大楼呢？这的确不可思议。正是因为这点才扣动了听众的心思，正是为了解开听众这个心结，才着意有了这番动情的细节描述。谁都有孩子，谁都有亲情，谁又能忍受或拒绝孩子对母亲的这份深深的恋情呢？演说者正是紧扣听者这种共同的情感，着意作了一番渲染和煽动，在炽热的情感驱动下，才真正体会到这位反贪局长的这种超越常人的奉献精神。

说事、说人、说物，都少不了叙述和描述这两种最基本的表达手段，而且两者相互交融，相得益彰。只有一般性的叙述，没有逼真的描述，就只有过程，只有轮廓，就不可能生动感人；只有具体的描述，没有必要的叙述，就缺乏整体感，缺乏前因后果，事实上也不可能处处都使用描述的手段。演讲，也和写文章一样，总是有详有略，有粗有细，有疏有密，有实有虚。

第三节　说　理

说理，就是摆事实讲道理，就是运用概念判断，进行推理的过程。说理，就是揭示事物的本质特征及规律。

一、口头说理与书面说理的区别

口头说理与书面说理，虽然并没有本质的区别，但从两种不同形态说理方式来看，显然还是有所不同。

第一，口头说理一般没有书面说理那么复杂和抽象。一个观点，一段道理，常常用最简洁明快、通俗易懂的话语说出来，而且还伴随着生动的事例，因为口语表达的一个致命弱点是易逝性，说复杂了，说深奥了，说抽象了，听众听不懂，记不住。

第二，口头说理比书面说理的针对性更强，这是由口语交际的特定对象、特定场所、特定的交际目的所决定的。

第三，口头说理的形式也不一定有书面说理那么完整，那么严密，前面说得不全面，后面还可以补充，说错了，还可以纠正，多说几句也可以，少说几句也行，口语表达本来就具有一定的松散性，说话者和听话者同处一个语境中，怎么说，都能心领神会，何况除了话语之外，还能借助身姿、体态、手势、表情加以强化或补充呢?

二、口头说理的基本形式

口头说理的形式大体可分为两类，一是论证性说理，二是非论证性说理。

按照一定的逻辑形式，有论点、论据、论证方法，这种说理方式，称之为论证性说理。这种说理方式，说话的层次很分明，句与句之间联系十分严密。毛泽东同志在《为人民服务》的演讲中，有这样一段论述:

> 为人民的利益而死，就比泰山还重；替法西斯卖力，替剥削人民和压迫人民的人去死，就比鸿毛还轻。张思德同志是为人民利益而死的，他的死是比泰山还要重的。

这是一段演绎推理，有大前提，即论据:“为人民的利益而死，就比泰山还重”，有小前提，同样是论据:“张思德同志是为人民利益而死的”，最后是结论，即论点:“他的死是比泰山还要重的”。整段讲话，没有一句话是游离于逻辑推理之外，不能多一句，也不能少一句，而且语序都不能调动。

论证性的说理形式是多种多样的，变化多端，总的说来是三类:一类是归纳推理，即由个别到一般，由特殊到普遍；一类是演绎推理，即由一般到个别，由普遍到特殊；还有一类是类比推理，即由个别到个别，由特殊到特殊。由这三种最基本的思维形式演化成各种具体的推理形式，较为常见的有例证法、喻证法、引证法、二难推理、归纳法等等。

非论证性说理，这是一种不严格或不完全按照一定的逻辑推理形式进行说理的方式，也无所谓论点、论据和论证方法，而是即事说理，有感而发，三言两语，简洁明了。在口语交际中大量存在这种说理方式。蔡特金和列宁曾经有过下面一段对话：

蔡特金："我知道只有一件事情能和你的演说方式相比，那就是托尔斯泰的伟大艺术。像他一样，你有伟大的、统一的、确定的方针，不可动摇的真理感。那就是美，也许这是斯拉夫民族才有的特征吧？"

列宁："这个我不知道。我只知道当我成为一个演说者的时候，我总是想到工人和农民，而不是想到我的听众。我希望他们能理解。一个共产党人无论在什么地方发言，必须想到群众，必须为他们讲话。"

（摘自《名人演讲词精粹〈序〉》，仲留金、魏裕铭编，漓江出版社 1987 年版，第 2 页）

在这段对话中，对话双方只是把自己想要说的话，要表达的意思，非常直白地说给对方听，随口就说，谁也没考虑论点是什么，要使用哪些论据，用什么论证方法，但双方都能理解。这种说理方式十分灵活，可长可短，可先说理后说事，也可先说事后说理，还可以边说事边说理，而且还常常融入个人情感的抒发。

三、口头说理技巧举隅

说理，都应该有理有据，条分缕析，透彻严密，赞成什么，反对什么，鲜明果断。不管是口头说理，还是书面说理，都必须达到这些要求。然而，口头说理要在说话的当儿就能抓住听众，说服听众，征服听众，除了吸收书面说理的各种方式与技巧之外，似乎更有一些特别之处。试举隅如下。

举隅一：

在联合国的一次首脑会议上，有人讨好原西德总理施密特说：

“施密特先生，中国要腾飞，难度很大，因为他们没有好的领导，要是请你去当总理，那中国可就如虎添翼，不得了啊！”施密特啪嗒一下站起来，把手中的咖啡杯摔在地上，异常严肃地说：“女士们，先生们，你们要我干什么？你们谁都清楚德意志联邦有多少人？欧洲有多少人？中国又有多少人？我们德意志联邦聚集一年的粮食又能供中国人吃几顿？只有中国共产党才能用仅占世界7%的耕地，养活占世界20%多的人口，这是一个了不起的奇迹，换一个党，谁也办不到。”

这是一段慷慨激昂、措辞严厉、毫不含糊的讲话，彻底挫败了发话者的挑唆与中伤，效果十分好。但这种说理，也只能用于口头说理，只能在特定的语境中才能获得这种效果。从语意的角度来琢磨，整段讲话还是欠严密的，难道中国共产党只解决了吃饭的问题吗？发话者说的是换施密特当总理，答话者却是说“换一个党”，这不有偷换概念之嫌吗？但听话者不但没有去纠缠这些枝节，反而觉得斩钉截铁，掷地有声呢？首先是利用语境充分表达未尽之意。“你们要我干什么？”如果割裂前面发话者的语意，这句话将是莫名其妙的，因为是紧接发话者的语意，这句话意思就十分明确了，你们是在为难我，是在挑唆我与中国领导人的关系，是在中伤中国共产党。同样的道理，下面的话也仅只从一点、一个方面说的，从而使人折服。说话中，只强调某一点，反而给人的印象更深。其次，充分利用表情、态势强化语意。“啪嗒一下”，把“咖啡杯摔在地上”，“异常严肃”等等，足以造成一种严肃的说话氛围，如果没有这种氛围，是绝对达不到这种说话效果的。这也绝对是书面说理无法达到的效果。这种说理技巧，就叫单刀直入，不顾其余。

举隅二：

一位演讲者说到当前有的青年总觉得怀才不遇，感到无聊，整天混日子。他在分析这部分青年的状态时是这样说的：

> 不少青年朋友生活比上不足，比下有余，称不上饱汉，可也不是饿鬼，口里说："活是不干的，钱是要拿的，调是不走的，处分是要闹的。"其实心理活动挺复杂：向往锅里的，又舍不得碗里的；不满意碗里的，可又没有勇气去拿锅里的。在优越感与失落感的夹缝里干瞪眼，咽唾沫。我看这些朋友，要么安下心来，做好本职工作，力争有所成就，要么"壮士一去不复返"，"难酬蹈海亦英雄"，反正不能凑凑合合，不能混日子。

这是先分析后归纳的说理方式。分析就是说理。书面分析，也许是一连串的逻辑推导，虽然很严密，但不免抽象。口头分析，就应该尽可能贴近听众，贴近听众的生活，听众的行为，听众的思想，听众的情感，听众的心理，而且还要尽可能直观。这段分析说理，就在于贴近现代青年的实际，把他们的行为、思想、心态类化为日常吃饭的神情，准确，形象，很具有启迪性。这是运用类比的手法，但又不完全同于类比，而是从日常生活中攫取一种形态，利用这种形态特征说明一个道理，给人的感觉是随手招来，涉理成趣，这也是一种技巧，就叫顺手拈来，取类析理。

举隅三：

毛泽东生前与人谈医疗保健问题，有如下一段讲话：

> 人哪有长生不死的，古代帝王都想法去找长生不老不死之药，最后还是死了。在自然的生死问题面前，皇帝与贫民都是平等的。

不但没有长生不死，连长生不老也不可能。有生必有死，生、老、病、死，新陈代谢，这是辩证法的规律。人如果都不死，那孔夫子现在要活着该有2500岁了吧？那世界该成个什么样子了？

曹操多年军旅生涯不会很安逸，可在1700多年前，医疗条件也不会怎么好，他懂得自己掌握命运，活了65岁，在当时该算是会养生的长寿老人。你们搞医疗的应该学学，不要使人养尊处优，只想吃好，穿好，不想工作还行？更不能小病大养。保健不是保命，不要搞什么补养药品，我是从来不认这些的。主要是乐观，心情开朗，锻炼身体。曹操讲“盈缩之期，不但在天。养怡之福，可得永年”，陆游讲“死去元知万事空”，这都是唯物的。

（摘自《世纪行》，2002年第2期，徐涛撰文）

这是一段很高雅的说理。前面从古代帝王说起，说到孔夫子，说到曹操，再说到医生，最后说出自己的一番看法，再以曹操和陆游的见地予以印证，由远及近，博揽古今，有惊世骇俗之感，使人不得不信，不得不服。这样的说理，首要的是要有自己独特的见地，同时还必须具有广博的知识作支持。这就叫旁征博引，理见其中。

举隅四：

获得国家最高科技奖的北京大学王选院士在《高新技术领域不能迷院士》的讲话中，有一段特别耐人寻味的话。在说这段话之前，他以自己的亲身经历为例，说明名人也是由凡人开始的，对名人的成就应该尊重，但不能迷信。说到这里，又说出了下面一段话：

可惜的是，中国有些人崇尚名人。

名人用过的东西叫文物，凡人用过的东西叫废物；名人喜欢喝酒，是豪饮，凡人就是贪杯；名人表示亲热，握一下手，就是平易近人，凡人就是巴结人；名人强词夺理，没有道理也能说出道理来，就是雄辩，凡人就是狡辩；名人做些蠢事，很荒唐的事，就是名人逸事，凡人就是犯傻了；名人发脾气是有个性，凡人就是劣根性；名人的年纪大了，就叫王老，凡人就只能叫老王；名人和名人之间互不服气，凡人和凡人之间倒是和和气气。

（摘自《中华读书报》，2002年1月30日）

很有意思，同样的事，同样的行为，却有截然相反的说法，截然不同的评价，褒奖的是名人，贬斥的是凡人。王选院士把这种现象加以集中，加以对比，在强烈的反差中，产生一种幽默效果，使听众在忍俊不禁中，轻松地接受了说话者的主张与见地。这种说理技巧就叫说平常趣事，道独自见地。

举隅五：

“裂开的房子是站不住的。”这是美国总统林肯说的。

“我没有什么可以奉献，有的只是热血、辛劳、眼泪和汗水。”这是英国首相丘吉尔说的。

“不要问你们的国家能为你们做什么，而要问你们能为自己的国家做什么。”这是美国总统肯尼迪说的。

“不自由则毋宁死。”这是美国青年议员佩特瑞克·亨利说的。

“谦虚使人进步，骄傲使人落后。”这是毛泽东主席说的。

“牺牲我一个，幸福千万家。”这是老山前线的英模说的。

“为了什么？为了无愧于头顶的国徽和党旗，为了百姓对‘共产党’这三个字能永远竖起大拇指，就必须干好这份得罪人的活！”这是一位纪检干部说的。

如此等等，名人，伟人，平民百姓，古今中外，不知多少人说过这样一些惊天地，泣鬼神，动人心魄的名言警句。这些话不仅极大地震撼过当时的听众，而且还超越时间，超越空间，超越地域，仍然继续影响着人们的思想情操，规范着人们的行为举止。这些话是在什么情势下说的，在什么地方说的，还说过一些什么话，他们的音容笑貌，也许我们都无法知道，而且也不重要，然而，他们的至理名言我们却牢牢地记住了。这是说话者或者演讲者的极大成功，也是一种极好的说理技巧。第一，这种句子凝聚了说话者或演讲者的全部思想，全部感情，是用辛劳、汗水，甚至鲜血凝练而成的，是智慧的结晶。第二，这样的句子一般都伴随一段生动感人的叙说，出现在情感的炽热处，特别具有共鸣性、穿透力，使人激动不已，尤其是在演讲中出现，常常爆发出热烈的掌声。第三，句子短促，朗朗上口。正如恩格斯说的：“言简意赅的句子，一经了解，就能牢牢记住。”（摘自《马克思恩格斯全集》，第52卷，第265页）因此，在演讲中，精心提炼和安排这样的警句，是至关重要的。这种说理技巧就称作：择警句以居要，撼听众于心智。

说理的技巧，因人而异，因内容而异，因对象而异，因环境而异，层出不穷，变化莫测，不能尽数，举隅是从中选出片鳞半爪，仅此说明口头说理应该讲究技巧。

第四节　抒　情

只要是由衷地说话或演讲，就不可能不投入情感，只要有情感的投入，就不可能没有抒情的方式与手段。书面表达也要抒情，正如梁启超说的：“笔下常带情感。”但比较而言，口头抒情应该更直接，更灵便。书面表达只能通过文字符号这个惟一的载体来传输情感，而口头表达却可以有多种载体，多种渠道，多种方式传情达意。事、理、情，构成了说话或演讲三个基本的要素，三者相互交融，但又形态各异，事是客观的，具体的，理是主观的，抽象的，情是心理感受与反应，是无形的。要把这种无形的心理感受与反应真实准确、具体细腻地及时地传导出来，通常是三种方式，一是态势，二是声音，三是言辞。

一、态势传情

即通过手势、身姿、面部直接抒发情感。譬如，讲到高兴处，眼角眉毛都是笑，手之舞之足之蹈之；愤怒时，两眼圆睁，双眉倒竖，拍桌打椅；仇恨时，咬牙切齿，握紧拳头，全身抖动；悲伤时，满脸痛苦，捶胸顿足，如此等等。一招一式，一颦一笑总关情，情感总是会从人的体貌特征中外化出来的，而且这种外化特别自然，特别真实。

二、声音传情

韩愈早就在《答李翊书》一文中写道：“气，水也；言，浮物也。水大而物之浮者大小毕浮。气之与言犹是也，气盛则言之长短与声之高下者皆宜。”仔细琢磨，这里所说的“气”，除了其他的内涵之外，更多的是指气势，是指情感。说话声音，在表达思想意义的同时，还十分真实地传导人的感情。譬如，心平气和，说话的语调平稳，快慢适中，声音不高不低；喜悦时，声音清亮，节奏加快，还常常夹杂重音；激昂时，节奏很快，声音提高，语气有如斩钉截铁；悲伤时，语调平直，断断续续，声音低沉，甚至发颤等等。由声音抒发出来的情感，有极强的感染力。

三、言辞抒情

即通过言语一句一句把情感说出来。譬如，“很高兴”，“悲痛极了”，“激动不已”等等，用言语直接表达。然而，最能抒发情感的，最具有感染力的抒情，还是把情感依附在叙事和说理之中。例如，一位演讲者在叙说解放军某部指导员长年驻守在高原雪山上，因为大雪封山，他的妻子带着两岁的女儿四次都没有能上得去，孩子因为高原水肿而死在雪山上，他是这样叙说的：

山下的妻子不能见到丈夫，两岁的阳阳又因感冒引发了高原水肿，永远留在雪山之上，山上的丈夫痛苦地厮打着：阳阳，爸爸对不起你啊！为什么，为什么死的不是我，你还没有来得及叫我一声爸爸啊！连长命令，全连鸣枪升旗，为阳阳送行！……就那一刻，她才深深懂得了什么是军人的情怀！特别能吃苦，特别能忍耐，特别能战斗，特别能奉献就是军人的情怀！献了青春献了终生，献了终生献子孙就是军人的情怀！亏了我一个，幸福十亿人就是军人的情怀！

这是一段极具感染力的演讲，不需要在现场去感受，直接读读这段文字，就令人心酸流泪。前面是叙事，情在其中；后面是说理，慷慨激昂，把军人的奉献精神说得淋漓尽致。事中有情，理中有情，说话或演讲，只有把这三者交融成一体，才具有感染力，也才具有震撼力，因此才能达到说话或演讲的预期效果。

技巧实践

一、仔细阅读与体会下面这篇短文，完成后面的训练。

地震中的父与子

马克·汉林

邓颖颖　编辑

1989 年发生在美国洛杉矶一带的大地震，在不到 4 分钟的时间里，使 30 万人受到伤害。

在混乱和废墟中，一个年轻的父亲安顿好受伤的妻子，便冲向他 7 岁的儿子上学的学校。他眼前，那个昔日充满孩子们欢声笑语的漂亮的三层教学楼，已变成一片废墟。

他顿时感到眼前一片漆黑，大喊："阿曼达，我的儿子！"跪在地上大哭了一阵后，他猛然想起自己常对儿子说的一句话："不论发生什么，我总会跟你在一起的！"他坚定地站起身，向那片废墟走去。

他知道儿子的教室在楼的一层后角处。他疾步走到那里，开始动手。

在他清理挖掘时，不断有孩子的父母急匆匆地赶来，看到这片废墟，他们痛苦并大喊："我的儿子！""我的女儿！"哭喊过后，他们绝望地离开了。有些人上来拉住这位父亲说："太晚了，他们已经死了。"这位父亲双眼直直地看着这些好心人，问道："谁愿意来帮助我？"没人给他肯定的回答，他便埋头接着挖。

救火队长挡住他："太危险了，随时可能发生起火爆炸，请你离开。"

这位父亲问："你是不是来帮助我？"

警察走过来："你很难过，难以控制自己，可这样不但不利于你自己，对他人也有危险，马上回家去吧。"

"你是不是来帮助我？"

人们都摇头叹息着走开了，都认为这位父亲失去孩子而精神失常了。

这位父亲心中有一个念头:“儿子在等着我。”

他挖了8小时、12小时、24小时、36小时,没人再来阻挡他。他满脸灰尘,双眼布满血丝,浑身上下破烂不堪,到处是血迹。到第38小时,他突然听见底下传出孩子的声音:“爸爸,是你吗?”

是儿子的声音!父亲大喊:“阿曼达!我的儿子!”

“爸爸,真的是你吗?”

“是我,是爸爸!我的儿子!”

“我告诉同学们不要害怕,说只要我爸爸活着就一定会来救我,也就能救出大家。因为你说过,不论发生什么,你总会和我在一起!”

“你现在怎么样?有几个孩子活着?”

“我们这里有14个同学,都活着,我们都在教室里的墙角,房顶塌下来架了个大三角形,我们没有被砸着。”

父亲大声向四周呼喊:“这里有14个孩子,都活着,快来人。”

过路的几个人赶紧上前来帮忙。

50分钟后,一个安全的小出口开辟出来。

父亲声音颤抖地说:“出来吧!阿曼达。”

“不!爸爸,先让别的同学出去吧!我知道你会跟我在一起,我不怕。不论发生了什么,我知道你总会跟我在一起。”

这对了不起的父与子在经过巨大灾难的磨难后,无比幸福地紧紧拥抱在一起。

(摘自《新华月报》,1997年1月10日)

(一)体味父亲与儿子的心态与情感,按原文生动地讲述出来。

(二)把原文分别压缩成20、50、100字,再说出来。

(三)想象当时的情景,把下面这几句话还原出来:

“我们这里有14个同学，都活着，我们都在教室里的墙角，房顶塌下来架了个大三角形，我们没有被砸着。”

要求：

1. 地震发生时房子塌下来的情景；

2. 孩子们的惊恐与在里面的感觉；

3. 阿曼达与孩子们心情及希望。

（四）根据这个故事，联系实际，发表3分钟演讲。

题目自拟。复述原文不得超过半分钟，观点明确，有根有据，注意说理方式。

二、实例体验。

阅读下面这篇讲话稿，按要求完成后面几题：

（一）这篇讲话，给你最深的印象是什么？从中你领略了什么？

（二）全篇说了几个问题？每个问题的说理方式有何不同？

（三）学习杨献珍先生敢说真话，敢于坚持真理的品格，仿照其中的一种说理方式，说说我们生活中的唯心主义与形而上学。

要求不超过3分钟，不少于2分钟。

坚持实事求是，狠狠批判唯心主义

（1959年6月12日）

杨献珍

去年刮了一阵“共产风”。在理论工作上刮了一阵反对学习马列主义理论的风。有人说，“实践就是理论，读书就是教条”。反对厚古薄今，连马恩列斯的著作也成“古”了。读马列主义的经典著作，也被人说成厚古薄今。去年某地有一个同志偷偷地读《资本论》，怕人说他厚古薄今，就在《资本论》上放一本《红旗》，把《资本论》盖住。教条主义是主观主义的一种表现形式，不读书就不会犯主观主义的错误吗？我看靠不住。如有的地方提出："人有多大胆，地有多大产"，"不怕做不到，就怕想不到"。胆量等于产量，思想等于行动，这到底是唯物主义还是唯心主义？弄虚作假总不能算作唯物主义吧！可是在去年，弄虚作假几乎成了"流行病"。河南的西平县某公社胡吹"小麦亩产7320斤"，有个科学刊物叫做《自然辩证法研究通讯》，一九五八年第四期上登了一篇题为《揭开了7320之谜》的文章，作者是陈炎理，好象是某公社的党委书记。他捏造了许多"根据"和"理由"，把虚构的"7320"说成是真的。我看把这篇文章的题目改为"掩盖7320的谎言"，才比较切合实际。科学刊物发表这样的文章，到底科学不科学呢？还有这样一个生产队，为了虚报丰产，放假卫星，就把几亩水稻移栽在一亩专供参观用的水田里。白天晒死了，夜间再移栽新的。象这样的卫星还是以不放为好。某地的三关庙乡，被称为"哲学之乡"，他们在大办钢铁时提出的口号是"超鞍钢、超美国、超苏联"。这个在近几年内要实现"三超"的思想基础，到底是唯物主义的还是唯心主义的？

列宁说过，离开唯物主义是错误的、危险的，甚至是反动的。有些人把列宁的这些话忘了，个别同志甚至拿着唯心主义当宝贝，说什么"不虚报就不能鼓足群众干劲，不虚报就不能促进大跃进的形势，不虚报就于群众脸上无光"等等。现在应当好好地检查一下，到底是虚报鼓足群众干劲呢？还是实报鼓足群众干劲呢？虚报的结果搞得没饭吃，搞得群众脸都浮肿了，这叫群众脸上有光吗？在过去战争期间，我们的战报，打死一个敌人就报一个，缴获几条枪就说几条枪。如打死一个敌人报打死一百个，敌人是知道的，被骗的还是自己人。所以，连敌人也不能不承认我们的战报是惊人的准确。去年这一阵"浮夸风"，把我们党多年培养的实事求是的传统作风冲垮了。这是多么大的损失啊！这比丢在地里的粮食损失还大得多。

钢铁、粮食都是硬东西，说假话办不到。钢是一吨一吨炼出来的，粮食是一颗一颗长出来的。孙悟空拔根毫毛一吹，要啥有啥，这本领已经失传了，没地方学。现在我们要的是真铁、真钢，不是要假“钢铁卫星”。社会主义不是靠吹牛得来的，而是靠一点一点用劳动建设起来的。不能虚报的受奖，说实话的插“黑旗”，要是这样的话，我看这种“黑旗”比弄虚作假的“红旗”还好得多。从旧社会出来的人，在思想、道德方面带有很多旧的痕迹，说假话就是旧社会带来的恶劣作风。如有个公社，就象演戏一样：“报！大事不好！”“何事惊慌？”“流动红旗被夺走了。”“不好了！”于是赶快弄虚作假，谎报成绩。社员想不通，就进行所谓社会主义教育。无怪有的群众说：“社会主义教育就受不起了，共产主义教育更不知怎样。”党校现在的任务更重了，要培养实事求是的作风，要狠狠批判唯物主义的思想和行为。不把唯心主义批透，说不定哪一天还会刮起这种风来。

恩格斯说：“在形而上学看来，事物及其在思想上的反映，即概念，是孤立的、应当逐个地和分别地加以考察的、固定的、僵硬的、一成不变的研究对象。他们是在绝对不能相容的对立中思维着；他们的说法是：‘是——是，否——否；除此以外，都是鬼话’。”（参见《马克思恩格斯文选》第2卷，第131页）我们的形而上学也不少。“薄古”，薄到不能读《资本论》，“厚今”，厚到要学小孩子的哲学。有个县组织了万把人的哲学讲师团，开始我听说最小的哲学讲师只有六岁，就感觉到这孩子真是天才，以后又听说还有个五岁的孩子当哲学讲师。还有什么哲学秧歌、哲学快板、哲学相声，稀奇古怪的事这样多。

有些人把学马克思、恩格斯、列宁、斯大林的著作和学毛泽东的著作对立起来，认为读马恩列斯的著作，就是“轻视毛泽东的著作”，就是“厚古薄今”。他们把辩证唯物主义和《实践论》

对立起来，甚至规定讲哲学只准讲《实践论》、《矛盾论》，多讲一点也不行。不学马克思主义哲学的基本原理，对“两论”也很难理解得透彻深刻，可是对这一套作法不能反对，一反对就要给扣上“轻视主席著作”的帽子。

有些人的数字观念，好象是越大越好，搞密植是越密越好，定指标是越高越好。有一个生产队种了一块麦田，指标是亩产一百二十万斤，其措施：一是密植；二是施特殊肥料——狗肉汤。他们打死了七十多条狗，煮成狗肉汤浇到地里。由于下种过多，出苗太密，长不成，就割掉四分之三，留下四分之一。我以为留下四分之一还可以收三十万斤。谁知道没有过几天，他们就把那四分之一也割了。社员在割的时候，一面割，一面故意哭丧着脸，讽刺干部说：“哎呀！我的狗哇！”

还有人人写诗，口号是“超杜甫”。有个工人把机器开动后，到一边写诗去了，结果出了事故，工厂着火了，损失了七十万元，这诗真值钱，真是“超杜甫”了。听说部队有个团，提的口号是人人写诗，争取当“万首团”。于是营也提出当“万首营”，连也争取当“万首连”，排也争取当“万首排”，班也争取当“万首班”，人也争取当“万首人”，还说要争取超额完成任务。有个战士写了一天一夜，写得站不起来，要人从两边架着才能站起来。

“速成风”其实就是“浮夸风”的另一种形式，去年也刮得很厉害。“三天扫除文盲”。为了应付检查，只好把一些知识分子借去充数。有个地方设了一个火箭师范学校，据说：“苦战半月，初中毕业，再苦战半月，高中毕业！”“七天学完全部数学”，“十天学全三年课，考试门门五分”。这一年真是天才丰收年！还有人主张，“高级党校最好是七天一期，最多半个月”。真要照此办理，西藏的学员未到北京就该回去了。

“共产风”，事实是反共产主义风。以平均主义为核心的“共产风”，其本质是私有制的普遍化。这就是说，你有我也要有，人人都有一点。有的东西如果不能做到人人有份，就毁掉它，谁也不能占有。这是毁灭文明，倒退到原始社会的反动空想。去年有的地方把共产主义说成是：“除了一双筷子一个碗是自己的，其余的东西都是公家的。”这是什么共产主义？我说这是叫花子共产主义，甚至比叫花子还穷，因为叫花子还有一条打狗棍嘛！马克思的共产主义是科学的共产主义，进入共产主义社会要依据条件，可是去年则大批“条件论”。按照他们的说法，干什么事都可以不讲条件。建设共产主义也可以不讲条件。还有人在那里宣传什么“破条件，创造规范”。我劝这些搞唯心主义的人歇口气吧！已经“创造”出挨饿的“奇迹”啦，不能再这样作孽了！

马克思说：“共产主义的特征并不是要废除一般财产所有权，而是要废除资产阶级的财产所有权。”（《马克思恩格斯文选》第1卷，第22页）马克思又说：“共产主义并不剥夺任何人占有社会产品的机会，它只剥夺利用这种占有来奴役他人劳动的机会。”（同上书，第24页）这就是说共产主义要消灭的是资产阶级对生产资料的占有，却从来没有说过要消灭人们对生活资料的占有，因为只占有生活资料是不可能变为奴役他人劳动的权力的。我们没收了地主阶级的土地，对资本家实行赎买政策。这都是以不同的方式剥夺他们利用对生产资料的占有来奴役他人劳动的权力。当地主、资产阶级对生产资料的占有权已经被剥夺后，还要刮“共产风”，那实际上是剥夺劳动者占有的生活资料，去年不是什么都要归公吗？

建议同志们把《哥达纲领批判》很好地读一读，马克思在这本书里说：我们这里所说的是这样的共产主义社会，它不是在自身基础上已经发展的，恰恰相反，是刚刚从资本主义社会中产生出来的，因此在各方面，即在经济、道德和精神方面都还带着它脱胎出来的那个旧社会的痕迹。资产阶级法权，就是新社会中的

“旧社会痕迹”。在封建社会里，资产阶级和封建贵族不平等，所以资产阶级要求平等、自由。资产阶级革命成功后，它得到了平等，但无产阶级还受压迫，因此，无产阶级要平等，要革命。无产阶级取得政权后，剥夺资产阶级占有生产资料的权力，在分配上实行按劳分配，多劳多得。这从形式上看是平等的，但事实上并不平等。因为一个劳动者和另一个劳动者，在付出同等劳动，取得同等工资的条件下，由于他们的家庭负担不同，他们的生活水平就各不相同了。这种事实上的不平等是生产力发展的水平决定的，消灭这种不平等，不能依靠道德化的说教，也不能靠行政命令。谁要想只靠这些力量去改变由生产力所决定的分配方式，其结果必然是破坏生产力，去年刮“共产风”的结果，不是弄得粮食丢在地里收不回来吗?

共产党是要实现共产主义的，各尽所能、按劳分配，并不是我们的最后目的。但是，这需要有比社会主义社会更高的生产力水平，即共产主义社会的生产力水平，才可以做到各尽所能、按需分配。在目前搞什么取消资产阶级法权，否定各尽所能、按劳分配，实际上是混淆了社会主义和共产主义两个不同的社会发展阶段。

为要认真批判空想的共产主义，必须把去年的“共产风”扫荡一下，不破不立嘛。

党校教研室的同志要认真地学习哲学，列宁的《唯物主义和经验批判主义》应该很好地读，把它摸熟，把根基打好，这样就能经得起风吹浪打。去年刮“共产风”的时候，不是有几个自认的或公认的唯物主义哲学家，对“共产风”不仅辨不清风向，拦不住风势，而且还要逞风施威，火上加油吗?当然，看风使舵，投机取巧分子可以不去说他们，对于这样的人，哲学不过是他们为达到这样或那样的卑鄙目的的敲门砖。这种人要是不从根本立场上转变，一辈子也不会懂得什么叫辩证唯物主义。

关于历史唯物主义，现在要强调讲人民群众在历史上的作用。要特别注意解决干部和群众的关系问题，也就是解决干部的群众观点问题。现在有的干部与群众的关系，就好象奴隶主对奴隶的关系，一声号令下，群众的一切生产活动都要停下来，去服从他们的瞎指挥。谁要不服从，就把他送去“劳改”，简直是敌我不分。这种人根本不懂得社会主义社会里，干部和群众的关系可以有各种形式，但归根到底是劳动者之间的关系、同志式的互助关系。

要让干部敢于发表自己的意见。干部不敢讲真心话的风气不好。弄成这个样子有它的原因。过去在蒋介石统治下闹革命，杀头也要讲，就是被蒋介石杀了，还是革命的嘛！现在谁要向领导人提意见，就有被戴上“反革命”帽子的危险。革命干部为革命提点意见，而背上反革命的罪名，死了也于心不甘，谁还愿意再去向领导提意见？

讲历史唯物主义，就要批判这种现象，使干部的头脑清醒起来。

什么叫党性？列宁说：“唯物主义本身就是党性。”组织观念强只是党性的一个方面。毛主席说：“主观主义就是没有党性。”主观主义是不自觉的，情有可原。“有心为善，虽善不赏。无心为恶，虽恶不罚”，这几句话见于《聊斋·考城隍》篇里。去年有些人是有心弄虚作假，为了保住头上的乌纱帽，说谎话，放假卫星，欺骗党和人民，还有什么党性？这样的人，不克服说谎话的行为，就是念上一百本马克思的书，也掌握不了辩证唯物。讲唯物主义要和党性联系起来。我们党是靠唯物主义取得胜利的，什么时候搞唯心主义，什么时候就要碰钉子。个人搞唯心主义，个人就要倒霉，全党搞唯心主义，党就要垮台，这是用人民和干部的鲜血换来的教训。

讲这些话一定要得罪人，但为党和人民的事业不能不讲话。

要是有人觉得我说得过头了，那就请同志们想想，对于某些至今还拿着唯心主义、形而上学当宝贝的同志，你除去向他大喝一声，还有什么好办法呢?

（选自杨献珍《我的哲学“罪案”》，人民出版社 1981 年版）

第六章　常用表达技巧

演讲必须叙事、状物、抒情、说理。除了这些最基本的手段之外，为了增强表达效果，恰当地处理各种复杂而微妙的关系，还经常地巧妙地使用幽默、模糊、委婉及诡辩等表达手法，由此而构成常用的表达技巧。

第一节　幽默语

培根说："善言者必善幽默。"具不具有幽默感，能不能充分发挥幽默的力量，这是衡量演讲水平，构成演讲风格的重要标志。

一、幽默及其特征

究竟什么是幽默呢？中外学者煞费苦心作了各种研究，终究莫衷一是。

美国人说："幽默是任何滑稽可笑的事物。"（见《美国国际万科全书》）

日本人说：幽默是"对发笑的事物寄予同情"，"是高级的笑，复杂的笑"。（见《日本万有百科大事典》）

中国大陆的人说："在善意的微笑中，揭露生活中乖讹和不

通情理之处。”(见《辞海》)

中国台湾的人说：“为调侃之语吻而含深刻讽刺之意者。”(见台湾《国语辞典》)

如此等等，不一而足，全都是企图给幽默下一个明确的定义。但仔细琢磨，却各有利弊：美国人把凡属发笑的东西都归为幽默，似乎太宽泛；日本人说是“寄予同情”，这确实有这一面，但冷酷的一面却被忽略了；台湾人落在“讽刺”上，而讽刺只是幽默中的一种类别，这样说又过于狭窄。《辞海》的条注抓住了“乖讹和不通情理”这一构成幽默的特质，这是有道理的，可又并非全是“善意的微笑”。鲁迅先生说：“把屠夫的凶残化为一笑。”这种笑显然就不是善意的了。可见给幽默下定义是何等不容易。英国的哲学家索列道出了实情，他在谈到幽默时说：“语言中几乎没有一个词条比这人人熟悉的词更难下定义。”如果一定要给幽默下个定义，其结果只能导致理解的片面性。

幽默是一种行为特征，也是一种有趣的表达方式。对幽默只能采取描述和说明的方式，而不宜用定义的方式去解释。幽默应该具有三个基本特征：第一，构成幽默的内核，是生活中“乖讹和不通情理之处”，即不协调的、矛盾的、反常的、违反常规常理的、可笑的，甚至是可鄙可恶的事物。第二，是运用暗示的、含蓄的手段给予表现，即如林语堂先生所说的：“愈幽愈默而愈妙。”第三，这种行为或表达方式所获得的直接效果是发笑，即引发接收者通过会意、联想，在顿悟之后发出会心的一笑。

二、幽默的素质养成

演讲中能不时地出现饶有风趣的幽默，不仅能获得接收者的阵阵欢笑声，同时还能使个人的才智与口才获得超常的发挥。幽默给人以美的享受，幽默的人生是美好的人生。然而，幽默不止是说几句俏皮话，更不是滑稽和插科打诨，而是“庄，诚其中，谐，形于外”。幽默不是表层次的逗笑，而是深层次的引发。幽默不是想幽默就能幽默出来，必须多方面养成幽默的素质。

构成幽默的素质大体上是三个方面，一是心态，二是机智，三是能力。

幽默者是一种坦然开放的心态。这种心态又取决于两个方面：一是热爱生活，笑对人生。我们的社会是美好的，我们的人生是美好的。只有热爱生活，才会思考生活，才会努力地去肯定所是，抨击所非。与此相反，这也不是，那也不是，眼前一片黑暗，整日愁眉苦脸，对社会，对人生，冷若冰霜，无动于衷，这种心态怎么能开放呢？开放的心态是源于热情，源于乐观向上。二是充满自信，无所畏惧。恩格斯说，幽默是“优越感的表现”。形成这种优越感，除了地位、权势、财富之外，更多的还是源于自信心。尤其是在演讲中，还没上台，心就扑通扑通地跳，站在台上，腿打哆嗦，手发颤，头上还冒汗，生怕讲不好，担心别人的水平比自己高。如此畏惧，不是结结巴巴说一通，就是照本宣科念讲稿，还谈得上幽默吗？心态开放宽松，幽默自然出来；心态封闭紧张，不仅不可能有幽默，即算有，也会被扼杀。

幽默是智慧的结晶。看似平平常常，经幽默者一说，却显示一种特别的新奇，即如宋玉在《神女赋》中写的：“既淡泊于幽默，扬觉寤而中惊。”这里的“幽默”虽指幽静，但从平淡中产生惊奇的效果，却与我们今天说的幽默相似。要获得这种表达效果，没有机巧的智慧是不可能的。周谷城先生曾经对毛泽东同志说：“我近来替‘风趣’找出了一种解释。智慧超过需要时，可能有风趣；智慧赶不上需要时，不仅不能有风趣，可能要丢丑。”（摘自《毛泽东人际关系实录》中的《毛泽东与周谷城》）这里的“风趣”就是“幽默”，这是我们中国人自己的说法。这种机巧的智慧外化为幽默，常常表现为言语内容给人以庄肃隽永的突然领悟，以及言语形式给人以新奇别致的意外享受，也就是说平淡中给人特别的新奇感。在演讲中，能具有这种机智，常常妙语连珠，妙趣横生，是一种超常的发挥。

还有能力，包括发现幽默的能力和表现幽默的能力。生活中存在很多幽默可笑的事物，就看我们有没有这种能力去发现，去挖掘，去表现。1984年诺贝尔和平奖得主——南非的图图主教，不仅是反种族歧视的斗士，而且才智过人。1984年冬天，他在纽约一次基督教仪式上演说：

> 传教士刚到非洲时，他们手里有《圣经》，我们手里有土地。传教士说："让我们祈祷吧。"我们闭目祈祷。待我们睁开眼睛时，发现一切倒了个个儿：我们手里有了《圣经》，他们手里有了土地。
>
> （摘自余明阳《幽默艺术》，吉林大学出版社1989年版，第106页）

资本主义的传教士打着传教的幌子，干着欺骗和掠夺的勾当，也许不是所有的人都能看得清楚的，即使看到了，但要在演讲中，用形象生动、简洁轻松的语言表达出来，这绝非易事。这就是一种能力，既能捕捉到社会生活中的反常与不协调，又能给予恰当的表现。

三、幽默的技巧

幽默是笑的艺术，幽默的力量总是通过笑来实现的。笑是美好的，给人以愉悦，给人以美感，正如法国让·皮尔所指出的："幽默是一种抚慰人生的善意的微笑。"另外一方面，笑又是一种纠正，一种制裁。当一个人感到自己可笑，马上就会设法改正。对被笑者来说，笑多少带有羞辱。法国柏格森在《笑——论滑稽的意义》一书中指出，笑通过羞辱"所引起的畏惧心理，来制裁离心的行为"。舒舍予先生说得更明确："以笑来纠正和诛伐。"

如何制造和引发笑声，这将成了我们研究幽默技巧，充分发挥幽默力量的关键所在。

“笑是思考的产物。”（摘自法国柏格森《笑——论滑稽的意义》）准确点说，笑是思考过程所引发的一种心理反映。在幽默中，具体表现为咀嚼、揣摩、联想、领悟。所谓技巧，就在于有效地引发这一系列的思维活动与心理反映。

（一）正确把握幽默的构成及其所引发的心理变化

幽默，一般由四个环节构成：悬念—渲染—反接—突变。这四个环节分别引起接收者不同的心理变化，构成一个心理过程。例如，西方的一位演讲家，在谈到政治时，他讲了下面一个故事：

> 三个年轻人从水中救起一个政客。他很感激他们，问他们需要他帮助什么以回报救命之恩。
>
> 第一个说：我希望进入西点军校，但是我的成绩不理想。
>
> 政客：没问题，你进了。
>
> 第二个说：我申请进入安那波利大学被拒绝了。
>
> 政客：不用担心，你进了。
>
> 第三个说：我希望被埋在阿灵顿国家公墓。
>
> 政客：为什么？
>
> 第三个回答：如果我父亲知道我救了你，他会把我杀掉。

这是很典型的幽默。前面政客提出要帮助他们三个以报答救命之恩，他们将会提出一些什么要求，怎样帮，立即就成了听众所期望知道的。思维被引发，好奇心理产生，这是制造悬念。接着，第一个、第二个的要求提出来了，得到了非常肯定的答复，这是渲染。利用听众的期待心理，把注意力一直朝良好的方向引导，形成心理定势。可是第三个却提出了意想不到的要求，尤其所作的解释，完全与听众的心理定势截然相反，于是产生心理扑空，这是反接。最后是突变，是心理变化的结果，即在心理扑空之后出现顿悟，突然领悟了演说者的真实意图，于是发出笑声。作为言语结构形式，只出现前面三个环节，说四个环节是就整个心理过程而言的。说话或演讲中的幽默或幽默故事，大都是这样构成的。但是，有时一句，两句，一个词，也可以造成极好的幽默效果。例如，二战期间，英国首相丘吉尔访问美国，下榻在白宫，罗斯福总统去看望他，适逢丘吉尔在洗澡，一丝不挂，但又躲之不及，情急之中说了一句极具幽默感的话：

我大英帝国对你毫无保留。

一位医学家在说到小学生患高血压，中学生患动脉硬化时，他是这样说的：

因为他的爷爷高血压，爸爸心肌梗塞，所以他打小学开始血压偏高，如果他还肥胖，那将来就是冠心病候选人。

显然，从这两例中看不出这些环节。这是一种省略。口语中的幽默，或者借助一定的话境，或者运用一定的修辞手法，但必须制造和突出不协调或反常，即意外的反接，否则就不成幽默了。

（二）把握好幽默的时间

笑星鲍伯·霍普说："题材有出色和平庸之别，但我知道如何通过时间的控制，使普通的笑话变成很棒的笑话。"使用幽默，主要是三个时间要把握好。在使用幽默之前，不动声色，不作解释，悄然进入，造成突兀感，使人摸不着头脑。悬念之后，渲染要充分，与反接部分形成强烈的反差（亦叫落差），反差愈大，效果愈好。渲染之后，反接之前，要有停顿，停顿的时间，要长到足以使听众产生强烈的期待感。相传，宋朝才子唐伯虎，应邀出席一位朋友母亲的寿筵，席间泼墨挥毫，画了一张《蟠桃献寿》图献给老人，主宾皆喜，再请他即席赋诗。唐伯虎张口就是一句："这个婆娘不是人，"话一出口，举座皆惊，主人满脸怒色，在气氛异常紧张之际，他不慌不忙接下一句："九天仙女下凡尘。"全场转怒为喜，老太太更是乐不可支，可唐伯虎又来一句："生的儿子都是贼，"大家又被愣住了，怎么能这样说呢？老太太要发作了。"偷来蟠桃献母亲。"唐伯虎最后一句一出口，大家交口称赞，老太太更是开怀大笑。这虽然是一则笑话，自然也是一种幽默。试想，当初唐伯虎一口气不间断地把这四句诗念出来，能收到上述这种一张一弛，怒喜骤变的效果吗？即算是今天我们来讲这则笑话时，也同样不能一股脑儿讲出来。这里的妙处，妙就妙在三个时间的控制，幽默之所以引人发笑，除了构成幽默的材料本身之外，在表达技巧上，关键是时间的控制，否则，即算是再好的幽默，也引发不了笑声。没有笑声的幽默是难堪的幽默。

（三）巧妙地运用修辞手法

有相当一部分幽默是借助一定的修辞手法来实现的。胡适先生曾经在一所大学讲学，一开始就分别引用孔子、孟子、孙中山先生的经典之说，每引用一段就在黑板上写下："孔说"，"孟说"，"孙说"，当要发表自己的见地时，又反身写下"胡说"。学生一看"胡说"二字，不禁哈哈大笑，幽默形成了。这原本是"胡适说"，可听者却因为习惯的原因，自然想到了"胡说八道"中的"胡说"。这是一种双关的修辞手法的妙用。诸如比喻、故错、夸张、殊比、婉曲、顶针、反语、飞白、曲解、衬跌、歇后语等等，运用在特定的语境中，能收到极好的幽默效果。除此之外，还应熟悉、掌握一些寓言故事、典故传说。有的寓言故事、传说、典故本身不一定是幽默，但是一旦与一定的内容、一定的情境、一定的对象联系起来，同样可以成为妙不可言的幽默。

第二节 模糊语

对于语言，包括书面语言和口头语言，人们一贯主张的是准确、鲜明、生动，但有趣得很，我们却要谈语言中的模糊。这一语言现象早就引起了学者们的广泛关注并投入了极大的研究热情，以致成了20世纪80年代以后的热门话题。

一、模糊学简述

客观事物的渐变性，中介过渡，这也许早就被古今中外的学者们注意到了，而这种客观现象所引起人们的主观思维反映，却似乎注意得不够。1965年，美国加利福尼亚大学伯克莱分校教授、系统科学家札德（L.A.Zadeh）集以往研究之大成，首次发表了“Fuzzy sets”——《模糊集合论》的论文，提出研究事物模糊性问题，并提出了模糊集合这个新概念，作为刻画模糊事物的基本数学模型。从此，札德的研究在西方国家得到了日益广泛的响应，模糊学作为一门新的学科由此而发端。模糊学是以客观世界广泛存在的模糊性为研究对象，以模糊集合论为基本工具，在理论上把握事物的模糊性，在实践上有效地处理模糊性，从而所形成的概念体系和方法论框架。

潘学海、张锦文1976年在《计算机应用与应用数学》第9期发表的译文《费齐（Fuzzy）集合论》首次把模糊理论介绍到我国。这一理论在我国的输入，很快就引起了一些理论工作者和实践工作者的兴趣。这种研究很快从数学领域向其他领域、其他学科扩展，而且还卓有成效。

模糊理论同样引起了语言学、文学、美学学者的研究兴趣。

《模糊语言学》、《模糊修辞浅说》、《模糊美学》等一大批专著先后面世，《模糊语辨析》、《论概念与语词的模糊性》、《文学语言的模糊性辨析》等等，从不同的角度研究模糊语言的论文，一篇接一篇地发表。模糊学在高等院校陆续登堂入室，或者为专业课，或者为选修课，或者为讲座，同样引起了学生的关注。总之，模糊学是一门新兴的边缘学科，虽然历时不长，但在我国却有着广泛的发展前途。

模糊，不是含糊，不是模棱两可。模糊是客观事物的特性，是科学的思维与表述方式；含糊，或者模棱两可，是思维混乱，表述不到位，信息不充分的表现。札德在《模糊集合论》一文中表述得很清楚："模糊性所涉及的不是一个点属于集合的不确定性，而是从属于到不属于的变化过程的渐进性。"也就是说，客观事物存在类属、性态的不确定性，即如恩格斯所指出的："除了'非此即彼'，又在适当的地方承认'亦此亦彼'，并且使对方互为中介。"他还特别强调："一切差异都在中间阶段融合，一切对立都经过中间环节而互相过渡。"（摘自《马克思恩格斯选集》第三卷，第533页、535页）作为反映客观事物这一特性的语言，同样具有模糊性，而且是普遍的，尤其是在言语活动中，模糊词语和模糊言语的使用频率也许更高，更有效。

所谓模糊词语和模糊言语，就是反映客观事物和主观反映的不确定性特征的词语及言语。这类词语及言语最根本的特征，都不能作定量和定性的逻辑分析，也就是非定量的，非定性的，非逻辑性的。例如，"很粗"，"较细"，"有点冷"，"不美，但也不丑"，"年岁高且不老"等等，这类言词和言语，能作出定量和定性的精确分析吗？

二、言词与言语的模糊性

言语活动中，普遍存在着模糊性。言词的模糊性与言语的模糊性，两者虽然有着密不可分的联系，但并不等同。模糊言词反映的是客观事物所具有的模糊性的一方面，具有客观性。常见的言词是那些表性态、表程度、表范围的形容词和副词，如美、丑，高、矮，胖、瘦，粗、细，长、短，比较、特别、很、非常、大约、大概、也许、好似等等。这类言词所表达的意义都是没有确定界限的，所反映的客观事物都存在着一个明显的中介过渡的特点。模糊言语是指人们使用语言时巧妙地运用模糊言词或模糊手法造成模糊效果所形成的话语，具有很强的主观性和技巧性。

言语活动中不仅普遍具有模糊性，甚至比起书面表达来，模糊语言的使用频率可能更高，更有效。之所以如此，除了客观事物的模糊性起着决定性的作用之外，在很大程度上还源于言语活动过程中的特定需要。

（一）思维的模糊性

思维既具有精确的一面，又具有模糊的一面，而且两者还常常存在着地位辩证转化的必然性，即模糊—精确—模糊。思维总是始于总体的意向把握，在意向的驱动下，再进入精细识别，最后整合，形成判断，即抽象。科学设想与实现，工程设计与实施，文学构思与创作，无不表现出这种模糊思维与精确思维的地位转化。就如说话或演讲，从说欲的产生到话语的形成以及现场表达，也同样体现这种转化规律。

说话或演讲，思维的模糊性除了从思维规律中表现出来之外，还表现在说话或演讲过程的快速思维中。在通常情况下，口语交流都是边想边说，边说边想，即算是写好了讲稿，也有个记稿和临场发挥的问题。思维速度虽然比说话的速度快得多（据研究资料表明，思维的速度比说话的速度至少快 5 倍以上），但基本上是同步进行。快速思维主要表现在快速选定话题，快速调动积累（包括经验积累和知识积累），快速组织语言，快速将内部语言转化为外部语言，以及在各个环节中对各种情况的快速判定与处理。这一切都迫使说话者或演讲者必须在极短的时间内完成，这是极其快速、极其高效的思维。因为快速，就只能是整体的模糊把握。譬如话题的选定，也许是一瞬间，面对听众，说什么呢？既要考虑自己能说什么，又要考虑听众需要听什么，更多的是考虑听众的方方面面，如年龄、职业、地位、兴趣、爱好、文化层次、社会经历，以及由此而形成的思想品德、心理需求等等，否则，将是对牛弹琴，枉费口舌。在选定话题时，演说者并非定量定性地仔细考察与分析，常常只是朝场内看一看，打量打量，凭着直觉就判定了。这是一种非精确的总体估摸，因而是模糊的。这种因快速而呈现出来的模糊状态的思维，几乎贯穿在演讲的全过程。例如，我们平常听到有的人在说话中，不时地夹带着“嗯嗯啊啊”的，“这个这个”，“那个那个”，这种现象除了是一种不良的说话习惯之外，从思维状态来分析，同样是一种模糊的表征，或者是因为思维中出现了某种意向，正在向清晰转化，或者是意向很清晰，正在选择恰当的表述方式。说话是连续的，不可能中断，于是自觉或不自觉地把“嗯”、“啊”、“这个”、“那个”派上了用场。虽然是一种极不好的说话习惯，但思维使然，也是不难理解的。因此，提高思维速度和思维质量，才是克服这种不良习惯最有效的途径。

（二）情感的模糊性

情动才辞动。说话或演讲本身就是一种情感活动。这种情感，一方面交融在说话或演讲的内容中，或者热烈地赞成所是，或者热烈地摒弃所非，或慷慨激昂，或缠绵悱恻，或喜或悲，或恨或怒，总会有说话者或演讲者的真实情感的投入，否则，就不可能感人。另外一方面，还表现为对听众言谈举止、人格品位、情绪态度的情绪评判，或钦佩，或厌恶，或欣赏，或鄙视，或接纳，或排斥，或褒或贬，或扬或弃，总会从说话或演讲者的话语里神色中流露出来的。情感是一种心理倾向，是无形的意念，如果不外露，是无法感知的，即算外露，也常常不是单一的，其真实强烈的程度也是很难确定的，一切都只能大体意会，大体领悟。如微笑，虽然给人以愉悦，是美好的情态，但微笑中究竟隐含了多少含意，投入了多大的情感，也许谁也说不清楚。这就是说，情感本身就是模糊的，尤其是说话或演讲中投入和流露出来的情感，更是只可感受，只可能受到感染，很难作出定量定性的逻辑分析的。除此之外，情感与思维，也是相互交融、相互制约的。在说话或演讲中，情感激发思维，思维引发情感，情感越激越，思维越活跃，思维越活跃，情感越充沛，由此而构成了说话或演讲的内在驱动力，正是由于有了这种驱动力，才外化为各种神采飞扬又滔滔不绝的说话或演讲。情感与思维的这种交融性，首先就呈现出一种模糊状态；其次，在外化过程中，又呈现出一种渐变状态，即不确定性向确定性转化，多样性向单一性转化，不清晰性向清晰性转化，表层性向深层性转化，意向性向行为性转化。这些转化，经常地、普遍地存在一个"亦此亦彼"，"似是而非"的中介过渡，即模糊性。情感与思维的交融和渐变，在很多时候是很难精细而确定地用话语表达的，譬如极度的愤怒，极度的悲伤，反而说不出话来。法国作家都德在《最后一课》这篇小说中，写韩麦尔先生最后听到下课铃声，他思绪万千，异常激动，此时他却只说出:"我的朋友啊"，"我——我——"，"散学了，——你们走吧"。他的神态，他说的话，是他此时的思维与情感的高度结合。他此时的心情，他此时的所想，能说得出来吗？一切都在不言中，这是一个炽热的情感空间，一个复杂的思维空间，更是因为模糊才留下的一个艺术空间。

（三）言语表达的有限性

言语虽然是丰富多彩的，千变万化的，能传情达意，叙事状物，但对于纷繁复杂、变化莫测的宇宙世界来说，却又显得太有限、太苍白了，这也许是人类言语系统中不可避免的一个缺陷。

那么人类又是怎样运用有限的言语来描述无限的宇宙世界呢？最基本的是两种言语手段，一是精确，二是模糊。$1+1=2$，这是精确的；$x+1<2$，这是非精确的，只给定了一个不确定的范围。这就是说，人们在说话或演讲中，有一部分话语是精确的，用此表达清晰的、确定的事物，还有一部分话语是非精确的，用此表达非清晰、非确定的事物。有时，即算是清晰的、确定的事物，也可用非精确的手法表达，这是属于策略或技巧问题，另当别论。

事实上，在言语活动中，人们使用的精确话语是很有限的，大量使用的话语是模糊的。模糊话语一个最显著的特点，就在于外延宽，内涵浅，因而具有很强的包容性，这正是模糊话语的一个极大的优势。试比较下面两句话：

“这座高楼，5分钟以后就要被爆破了。”

“这座高楼，即将被爆破。”

前一句，是精确的，5分钟一过，高楼就轰然倒地；后一句，是模糊的，“即将”，可以是5分钟，也可以是50分钟，5个小时、5天都可以包容在“即将”之内。正是因为这种包容性，才给了我们说话或演讲时一个极大的便利，否则，将会陷入无法启齿的困境。战国时期有个宋玉，被同僚登徒子在楚王面前告了刁状，说他好色。为在楚王面前洗刷自己的不白之冤，他说他家乡有一个很漂亮的女孩子爬在墙上看了他三年，他至今都没有表态，以此证明他不好色。他是这样描述的：

“增之一分则太长，减之一分则太短；著粉则太白，施红则太赤。”（见宋玉《登徒子好色赋》）

究竟多高，肤色怎样，一切都只给定一个弹性的空间。宋玉很聪明，美，因各人的审美情趣而异，何况肤色只能凭视觉审定，而很难为言语可状。

模糊语言之所以具有很强的表现力，正是在于它具有很强的包容性，这就给听众留下了一个弹性空间，这个空间可以想象，可以补充。这就是说，人们在听说话或演讲的同时，总是依据言语信息——事、理、情，通过联想与想象，把自己的经验、经历、见闻、知识以及情感与情绪，一古脑儿都补充进去，甚至还作了创造性的还原。也正是这个原因，人们不仅能听懂说话或演讲者的话语，而且还会在眼前展现各种情景交融的生动画面，产生情感的共鸣。有人说：“艺术世界之所以具有永恒的魅力，原因之一，在于像纯数学一样，具有‘空筐’结构的性质。”（摘自赵鑫珊《科学、艺术、哲学断想》，三联书屋 1985 年版，第 40 页）这里所说的“空筐”，就是模糊空间。

美国加州大学教授格·哥根指出：“描述的不确切性并不是坏事，相反，倒是好事，它能用较少的代价传递足够的信息，并能对复杂事物作出高效率的判断和处理。也就是说，不确切性有助于提高效率。”正是因为精确言语与模糊语言的交互使用，言语才获得了无穷的表现力。但必须肯定地说，对宇宙世界，万事万物，言语都只能作近似或相似的描述。

三、模糊语的实际运用

利用模糊语的不确定性，留给听众一个思维和领悟的弹性空间，这是演讲者很明智的言语手段与言语策略。其方式主要是两方面：一是巧妙地运用模糊词语，直接产生模糊效果；二是巧妙地运用模糊手法，间接形成模糊效应。譬如，比喻、类比、象征、暗示、委婉等手法，虽然不一定是使用模糊词语，但都能造成“亦此亦彼”、“似与非似”的模糊效应。

在说话或演讲中，模糊语比较集中地使用于下列三种情况。

一是不能精确，也无法精确。表达的客体本身就是模糊的。例如一位演讲者介绍一位女民警：

> 她，个头偏矮，在女性中虽然说不上漂亮，但决不丑陋，端庄、大方，眉宇间常常透出无比的坚强与果敢。

由外貌说到气质性格，究竟怎么样，一切都只能依据言语的提示，再凭借听众各自的生活经验去想象，去体味。个头，也许可以精确量化，但高与矮，并没有精确的划分，“偏矮”，临近中界线，又偏了多少呢？尤其是她的容貌，“不漂亮”，“决不丑陋”也就是说她是处在“漂亮”与“丑陋”的中介，再漂亮一点，就成了漂亮，再丑陋一点，就成了丑陋，到底是个什么模样，说不清的。性格、气质更是说不清的，只能用一个程度副词“无比”来表达，然而这“无比”又是多么宽泛。客体就是这样一种状态，除了用模糊词语表达之外，还有更高明的手法吗？诸如大小、粗细、长短、善恶、好坏、冷暖、喜怒、哀乐、明暗、强弱等等，都属于不能精确，也无法精确的客体，都具有中介过渡或渐变的特征，因此只能用模糊言词表达。

二是不需要精确。客体是清晰的，可以精确地表达，或者因为借助一定的话境听众可以理解，或者因为只求简要，不用细说。请看下面两例。

例一：

> 一米，两米，三米……鲜血洒满了他人生最后的十来米路程！

例二：

> 几度风雨，几万里行程，如今我又来到新加坡，来

到了朋友们中间。

例一，是讲述一位民警与歹徒搏斗的情景，“一米，两米，三米……”“十来米”，并非精确的描述，只是表达英雄艰难地挪动身子追赶歹徒的情景。例二，是一位印度姑娘在新加坡作《我与汉学》的演讲。她从印度到新加坡再到中国，最后回到新加坡。“几度”“几万里”，只是表述她艰难的历程。两例中的内容都可以精确地表达，但都用的是模糊词语。因为第一例，听众可以想象，第二例，主要是讲述中国的传统文化而不是她的个人经历，但个人经历又必须体现出来，所以只点到为止，只给听众一个意向。

另外，人们观察事物，了解事物，常常习惯于模糊的整体把握，并不注重精确。因此说话或演讲也同样要符合这种习惯。例如，有人给朋友打电话，说他的孩子正乘火车出发，请这位朋友到车站接孩子。他在电话中是这样说孩子的模样的：

男孩，十六七岁，一米七左右的个头，白胖白胖的，有点像我。

本来可以把孩子的年龄、身高、体重说得很精确，为什么不说精确呢？因为识别的过程并不需要精确，只作综合的整体的模糊识别即可，过于精确，不仅麻烦，反而影响整体把握。

三是可以精确，有意不精确。常常有这样一些情况，不好说，不便说，说出来反而产生负面效果，因而把本来很具体很精确的事物用模糊的方式说出来。例如，一位很有声望的德育教师，在一所大学与学生对话，学生问：

您作为一位大学的德育教师，你对你和你的同事所从事的思想政治工作有何评价？

他是这样回答的：

> 我们是种树人，本来可以选择屋后种瓜种豆，这样会有很可观的收入，也可以选择庭前种花种草，这样会使人赏心悦目而没有矛盾。但是，我们走出书房，选择了种树，在风沙中垦荒，在雨雪中种树。种树者往往是不留名的，但种树是问心无愧的。不过，我们有时也因为护树需要种一些“刺”。

这是用隐喻的手法说出来的。对政治思想工作者的动机、辛劳、品格、措施都一一作了恰如其分的评价，生动形象。为什么不直接作出评价，而用隐喻的手法呢？隐晦本身就是源于模糊。整段讲话给人的感觉很贴切，非常恰当地回答了学生的提问。但仔细琢磨，“种树”和做政治思想工作，“种树人”和思想工作者，“种一些‘刺’”与一定的批评处罚，真会是一码事吗？几者之间只存在某种相似。亚里士多德在《诗学》中指出：“善于使用隐喻字表示有天才，因为要想出一个好的隐喻词，须能于不大相似的事物中看出它们的相似之点。”似与非似，正是模糊的特征。比喻其所以能明理，就在于强化“似”，淡化“非似”，强化的结果是“具象”，造成鲜明的形象，在形象的驱使下进入理性的思维。从具体的形象中所引发的思维，所获得的思想，比起直白的方式，也许更丰富，更深刻，更具感染力。

模糊，不仅是一种言语技巧，更是一种言语策略。在处理国际事务中，新闻发言人有时这样说：“尊重×××国家人民自己的选择。”“×××干了与自己职责不相称的事，是不受欢迎的人。”这是从国际关系上考虑的，不宜把更真实的看法，具体地直接地说出来。在演讲中，说到坏人坏事，只是说：“个别人做了某些不该做的事”，“发生了令人不愉快的事”，把相互之间发生了争吵，说成“有过很不愉快的接触”等等，之所以用上这些模糊说法，或者为了给人留面子，不致造成对立情绪，或者不宜公开事态，防止产生负面影响，或者淡化紧张气氛，避免进一步激发矛盾。

第三节　委婉语

话语的意义，概括起来是两种方式表达，一种是依据语汇意义、语法意义直接表达，即所谓直言不讳，例如："他伏在桌子上睡着了。"一听就明白了，这叫语言义。还一种是表达的意义与语汇意义、语法意义不一致，言外有言，例如："他伏在桌子上永远地睡着了。"这里的"睡着了"，就不是"睡"的意义，而是死了，这叫言语义。前者，是约定俗成的，字典、词典中都作了确定的注释，谁也不会作别的理解；后者，是变异，是灵活的，只能从言语交际过程中的特定对象、特定背景、特定话境去捉摸，去领会，去理解。我们所要谈的委婉语就是这种话语。

一、委婉语及用途

委婉，"委"，曲折、弯转、含蓄，"婉"，柔和、温存、优美。委婉语，就是语气温和，言词柔美，语义曲折含蓄的话语。在说话或演讲中，这类话语特别容易接受，令人轻松而又耐人寻味。

在很多情况下，说话或演讲，特别需要委婉的表达。

避窘。说话中，常常出现难堪的窘态，或者一方，或者双方，甚至更多的人陷入一种尴尬的情态中，这时的委婉语最能避免或化解这种窘态。例如，公共汽车上，汽车突然刹车，一位中年男子撞到前面女青年的身上，女青年回过头来横了他一眼，怒容满面地甩出一句话：

"看你这德性！"

中年男子却笑着说："小姐，不是德性，是惯性。"

话一出口，不仅女青年转怒为笑，整个车上都笑了。

显然，一场即将爆发的争吵，被委婉化解了，这位中年男子为自己的行为所招来的难堪作了委婉的解释，即"我不是有意的"。因为委婉，才获得了对方的理解和赞赏。

又例如，清朝末年，我国驻法国的一位外交官应邀与一位漂亮的法国女郎跳舞，这位女郎不无挑逗地问："法国小姐与中国小姐，你更喜欢谁?"外交官笑了笑说："凡是喜欢我的小姐，我都喜欢。"

避难。言谈中，不少的话是很难说的，但是又不得不说。例如，1945年，富兰克林·罗斯福第四次连任美国总统。《先锋论坛》报的记者就此请他谈这次连任总统的感想，罗斯福没有立即回答，而是很热情地请记者吃三明治。记者吃第一块时觉得是一种特别的享受，吃第二块时觉得情不可却，吃第三块时有所为难，可罗斯福还是微笑着端起第四块请他吃，记者连连摇头，表示实在吃不下去了。这时，罗斯福才微笑着对记者说："现在，你不需要再问我对于第四次连任的感想了吧?"

是直接说好，还是委婉说好呢？作为一种责任，这是美国人民的众望所归，罗斯福能说"不"吗？作为一种感觉，一种心态，似乎也不便直言不讳，还是让记者从吃三明治的过程中去自己体味、揣摩吧，罗斯福自己什么也没说，只作了一种委婉的提示。因为说与不说，都很为难。

避讳。有些事，虽然可以说，但是说出来，却又悖于身份地位、情绪气氛、审美心态、风俗习惯等。譬如说"死"，一般都是避讳的，不直接说，而是说成"老了"、"逝世"、"辞世"、"谢世"、"仙逝"、"千古"、"一命呜呼"、"寿终正寝"等等。据统计，我国汉语中，"死"的委婉说法不下三百种，英语中也有一百多种。又如，不说"拉屎拉尿"，而是说"出恭"、"解手"、

“方便一下”；不说“蛇”，叫“长虫”；不说“老虎”，叫“老虫”。在湖南省湖区，因为害怕沉船而忌讳说“沉”字，把“陈”姓，说成姓“龙”等等，这些委婉的说法全都与一个民族、一个地域的文化心理、风俗习惯有着密不可分的关系。

在演讲中，讲到很凄惨、很艰难、很不雅观的一些人和事时，也不时地采用委婉的说法。譬如，讲部队的严格训练令人枯燥无味，说是：“直线加方块”；讲战士长年累月守护深山的铁路大桥，说是：“白天兵看兵，夜晚数星星，抬头一线天，低头两条线”等等。这些委婉的说法，无不是为了避免负面影响，避免引起听众难堪的联想与想象。

二、委婉与幽默及模糊

委婉，是不直接说出来，而是暗示、暗含，是隐蔽地表达，语气温和，甚至还可以引发笑声，因此似乎与幽默相差无几；委婉，不明白地说出来，说此言彼，弦外有音，常常需要听话者借助背景，借助话境去领悟，去理解，从语言义到言语义，自然存在一个过渡空间，因此与模糊相似。而幽默本身也存在不确定的模糊因素，模糊就其表现手法来说，也不排除幽默，三者之间，相互交叉，相互重叠，你中有我，我中有你，这是铁定的事实。甚至同一种说法，既可认定为委婉，又可认定为幽默，还可以认定为模糊。例如，爱因斯坦称赞卓别林说：

> 全世界的人都能理解你的幽默、含蓄，你的确是一位伟大的艺术家！

卓别林却回答说：

> 世界上只有很少人能理解你的“相对论”，可你仍然是一位真正的伟大的科学家。

从语言义来看，卓别林是在称赞爱因斯坦，但从两段对话的言语义来琢磨，表达的意象是谦逊，意即："跟你比较我还不够'伟大'。"而且语气很诚恳、柔和，这是一种委婉的表达。

爱因斯坦说的"伟大"，依据的是"都能理解"，卓别林说的"伟大"，依据的却是"很少人能理解"，两者显然是不协调的，甚至是矛盾的，言语构造基本相同，语义相悖，饶有风趣，这又是很高雅的幽默。

究竟谁伟大？是"都能理解"伟大，还是"很少人能理解"伟大呢？是艺术家比科学家伟大，还是科学家比艺术家伟大呢？一切都留在话外，一切都只能由听话者凭着自己的生活经历，处世见地，兴趣爱好，去判定，去选择，显然说话双方都留下一个极大的不确定的弹性空间，因而也是模糊的。

但是，三者毕竟是三种不同的形态，侧重点各有不同。

委婉，侧重的是既要隐蔽真实，又要暗示真意。譬如："很抱歉，我不喝白酒。"这句话的真正意思是可以喝红酒或啤酒，而这个意思又是通过强调"不喝白酒"来暗示的。

幽默，侧重于突现不协调的、反常的、矛盾的事物，或者表现生活中的不协调的、反常的、矛盾的事物，或者制造这种不协调的、反常的、矛盾的形态，因此而引发笑声。例如，1972年，美国总统尼克松访问前苏联，勃列日涅夫陪同他准备登机，可引擎发动不起来，勃列日涅夫又急又气，指着民航局长问尼克松："我应该怎样处分他？"尼克松一本正经地说："提升他。因为在地面发生故障总要比空中好。""处分"与"提升"，正好相反，出人意料之外。尽管最后一句是个大实话，很有道理，但只能说地面发生故障比在空中好，不会导致机毁人亡的可怕后果，却丝毫不能否定事故本身，怎么谈得上"提升"呢？可见是有意制造一种反常，以幽默的方式缓解突然出现的紧张气氛。

模糊，突出的是表达对象的不确定性，表达的方式只给定一个可供领悟、体会、选择的弹性空间。例如：“他，不算很高雅，但也不粗俗，跟人合得来。”这人究竟是个什么品位呢？什么叫“合得来”呢？说不清楚的，只能给定一个可供想象的弹性空间。

严格地说，委婉是一种修辞手法，幽默是一种表现手段，模糊是一种思维形式。它们各自运用于说话或演讲中，便成了委婉语、幽默语、模糊语。

三、委婉语的应用技巧

委婉，虽然是一种修辞手法，但委婉的实施却需要多种手段和技巧。

暗示，说东指西，让听话人从说出来的事，想到另外一件事。例如，别人借了钱，久借不还，但又碍着面子不好讨还，于是说：“上次我和你一道上街，买了什么东西？多少钱？”由此暗示对方记起借钱的事。

暗含，故意把话说宽泛一些，把要表达的真意包含在其中，不致使对方难堪。例如：

> 问：“我看周围的人都自私自利，你认为这是不是事实？”
>
> 答：“认为人人都正直那是愚蠢，认为周围根本就没有正直的人，那就尤其愚蠢。”

这似乎答非所问，实际上是一种委婉的回答，即把自私与不自私包含在不正直与直接之中。如果不这样包含，岂不成了指责提问人是愚蠢吗？

暗反，说出的意思与真正要表达的意思完全相反，但又有别于反话。反话常常可以从语气中听出；暗反，语言义与言语义之间存在很大的距离，需要细心领会。例如，每天中午，楼上家的小孩坐着学步车满屋地转，发出吭吭的吵闹声，严重影响楼下主人的午休。一天，楼下的主人对楼上的主人笑眯眯地说：

有意思，我每天中午都伴着你家小宝宝的节奏声午睡，那种感觉真好。

有“节奏”吗？是“真好”吗？真正的意思是：太吵，不能入睡，真苦恼。表层意思与深层意思恰恰相反，甚至连说话的语气、情态与真实的情感也相反，一切都显得那么真切，以至于听话人不认真领悟，还可能误以为真。

趣解，用一种有趣的方式去解释某种说法或某种现象，婉转地表达自己的看法，这也是一种极好的委婉表达。例如，刘吉与某企业青年的对话：

问：“你是怎样一下子就成了党委副书记的？”

答：“我是先成为共产党员，然后才成为党委书记的。不是一下子，而是两下子。”

（摘自刘吉、华琪《对话的艺术》，解放军出版社1988年版，第164页）

“一下子”，意味着提问者对他当党委副书记的途径有所好奇，或者说怀疑使了什么手脚。这是很不好回答的，既要费唇舌，又很难使对方满意。把先入党，后当党委副书记两个过程说成是“两下子”，针锋相对地否定对方所谓“一下子”的说法，既造成了谐趣，又委婉地表达了一个真实的意思，即不可能一下就成为党委副书记，而是长期奋斗的结果。

拆解，对一个字、一个词拆开解释，在解释中渗透真实的意义。例如：

问：“你怎样看待老大难的问题？”

答：“老大难，老大难。老大去抓就不难。”

“老大难”的说法，是指问题存在的时间很长，又是一些带根本性的大问题，解决起来有相当大的难度。“老”、“大”、“难”是并列关系，这里却被拆成“老大”和“难”，并注入新的意思：“老大去抓就不难。”也就是说，不管什么问题，不管问题有多难，多复杂，只要单位的领导下决心去抓，就没有什么解决不了的，而这些意思全都用一句话委婉地表达了。

借续。有些话，有些意思，自己不直接表明，而是借用对方的思维逻辑、言语形式，续说出来，让对方明白一个意思。例如，作家梁晓声接受英国一家电视台的记者采访，这位记者问：

> 没有文化大革命，可能也不会产生你们这一代作家，那么文化大革命在你看来是好还是坏？

梁晓声立即以问代答：

> 没有第二次世界大战，就没有反映第二次世界大战而著名的作家，那么您认为第二次世界大战是好还是坏？

当然，从逻辑方式来说，这是归谬，但言语表达方式却是委婉。因为他没有直接回答对方，而是借用对方的说话方式，说出另外一件事，启发对方自己解答自己的问题。

除此之外，还有双关、歇后、谐音等等，都是构成委婉语的一些常用手法。

第四节　诡辩语

在说话或演讲中，尤其是在辩论中，人们不时地会遇到一种可恼而有趣的言语现象，即似是而非、模棱两可、真假难辨，说话者总是挖空心思，不择手段地为自己的言行或某种目的开脱辩护。人们把这类话语称之为诡辩语。这类话语无可回避，理所当然要加以研究，其目的就在于，一方面是为了提高识别诡辩语的能力，以便及时地揭露和反驳，另外一方面，还可领悟诡辩中所蕴含的机智，并恰当地予以利用。

一、诡辩的渊源

诡辩一词源于希腊话 Sophistes，意即技巧、智慧。诡辩论者，就是指掌握技巧，具有智慧的人。在我国，诡辩一词，最早出现在汉朝刘安编辑的《淮南子》中："诋文者处烦扰以为智，多为诡辩，久稽而不决，无益于治。"这种说法，大体上与《史记》、《汉书》中对诡辩的评价相差无几。这就是说，诡辩在我国，一开始就成了混淆是非、颠倒黑白的代名词。

在古希腊，希波战争之后，随着民主政治的推行，自由民获得了参加政治和文化活动的机会与权利，如出席公民大会，讨论城邦大事，参加法庭陪审、起诉或申诉等，这些活动要求人们必需具备讲演和辩论的才能，因此而出现了一批专门从事传授修辞和辩论术为职业的教师，这就是历史上称之为"智者"，或"智者学派"，或"诡辩论者"的。为了求胜，不惜玩弄概念，玩弄文字游戏，甚至故意违背思维规律，采取各种手段，将假的辩成真的，错的辩成对的。例如，"智者学派"的代表人物普罗泰戈拉与他的学生爱瓦特尔打的一场"诡辩官司"就可见一斑。

他们师生之间为交学费的事签定了一个合同，合同中写明，爱瓦特尔的学费分两期交付：第一期在入学时交付；第二期学费可在学成之后当上律师，并且第一次出庭胜诉后交付。可爱瓦特尔学成之后一直不履行合同，于是老师普罗泰戈拉向法庭起诉，并对学生说：

如果你在这个案件中胜诉，你就应该按合同交付学费；如果你败诉，你就必须依照法庭判决交付学费。总之，不管你胜诉还是败诉，你都得付给我第二期学费。

不料，学生爱瓦特尔反辩：

老师，您错了。在这个案件中，不管我是胜诉还是败诉，我都用不着交第二期学费。如果我胜诉，按照法庭判决，我当然用不着交学费；如果我败诉，我也用不着交学费，因为合同中写明了，第一次出庭，我必须胜诉才交付学费。

显然双方都在诡辩。由此可见，古希腊的诡辩，最初只是作为求胜的辩术出现的，并不具备很高的学术价值，直到后来的亚里士多德、黑格尔从修辞学、逻辑、哲学的高度作了系统的研究批判之后，诡辩才在思维、逻辑、哲学等领域内，以及演讲、辩论的实际运用中，从反面获得了认识价值。

在我国，诡辩的出现虽然比古希腊晚了一些，然而，似乎并不是纯粹以辩术的形式出现，它一开始就成了各家学派争论的逻辑命题，涉及到名与实，相对与绝对，部分与整体，类与属，而且其中还包含了对辩证法的天才猜测和初步认识。譬如惠施的“合同异”，公孙龙的“白马非马”，荀子批判的“三惑”，《庄子·天下篇》中记载的二十一事（或二十三事）等等，这些命题，都是具有很高学术价值的，都对我国的思维、逻辑、哲学产生过深远的影响。

为使读者对我国古代争论的命题有所了解，现将《庄子·天下篇》中“辩者二十一事”开列如下：

1. 卵有毛。

2. 鸡三足。

3. 郢有天下。（郢，古代楚国的都城）

4. 犬为羊。
5. 马有卵。
6. 丁子有尾。(楚人叫蛤蟆为丁子)
7. 火不热。(火，即炭)
8. 山出口。
9. 轮不辗地。
10. 目不见。
11. 指不至，物不绝。
12. 龟长于蛇。
13. 矩不方，规不可以为圆。
14. 凿不围枘。
15. 飞鸟之影未尝动也。
16. 镞矢之疾而有不行不止之时。
17. 狗非犬。
18. 黄马骊牛三。
19. 白狗黑。
20. 孤驹未尝有母。
21. 一尺之棰，日取其半，万世不竭。

在人类发展的长河中，诡辩逐渐脱离早期单纯探求辩术、破解命题状态而直接与人类各个时期的思想、哲学、语言相随相伴，并渗透到政治、军事、经济、外交以及日常生活之中，成为了一切反动势力、机会主义、错误言行的辩护工具。利用逻辑，冒充辩证法，歪曲真理，几乎成了各个时期诡辩论者的共同手法。为此，识别诡辩，批判诡辩，同样赋予了古今中外的思想家、哲学家、政治家、语言学家及一切有识之士一种不可懈怠的历史责任。西方的柏拉图、亚里士多德、黑格尔，中国的孟子、墨子、荀子、王充，无产阶级的导师马克思、恩格斯、列宁、斯大林、毛泽东等等，他们无不对各个历史时期的诡辩及诡辩论者作过卓有成效的研究和批判，在实践中作出了示范，在理论上作出了建树，不仅及时地捍卫了真理，而且还在研究和批判的过程中完善和发展了人类的逻辑思维，繁荣了学术。

二、诡辩的功与过

在言语角逐中，诡辩是一种很坏的辩术，持这种辩术的诡辩论者，更有一种很坏的作风。“以非为是，以是为非，是非无度”，“所欲胜因胜，所欲罪因罪”。黑格尔的指责更形象：“或者将一个道理否定了，弄得动摇了，或者将一个虚假的道理弄得非常动听，好像真的一样。”（摘自黑格尔《哲学史讲演录》第二卷，第125页）人们把一盆盆脏水都泼到诡辩论者的头上，以至于只要把这种或那种言论指为诡辩，就足以给它定罪了。诡辩，自古以来，的确声名狼藉。

诡辩论者对一切都采取为我所用的态度，很难说诡辩论是个什么样，更谈不上什么理论体系。大而言之，支配诡辩论者及其辩术的应该是唯心主义世界观和形而上学的方法论。其恶劣之处主要表现在以下三个方面：

第一，冒充辩证法，对抗辩证法。

从根本上说，诡辩论与辩证法是对立的，是违反辩证法的。但是，随着人类识别能力的提高，随着唯物辩证法日益深入人心，辩证法逼着诡辩论冒充辩证法。诡辩论者常常抹杀事物转化的条件谈转化，用既是这个又是那个的折衷主义冒充两点论，用相对主义冒充相对性，用概念的主观灵活性偷换概念的客观灵活性等等，千方百计披上辩证法的外衣，混淆视听，蛊惑人心。

第二，利用逻辑，违反逻辑。

诡辩是违反逻辑的，但诡辩论者并非不懂逻辑，恰恰相反，诡辩论者正是利用逻辑进行诡辩。例如，文革时期“四人帮”鼓吹的："宁要社会主义的草，也不要资本主义的苗。"在这样一个选言推理中，作为前提，至少有四个选言判断，即四种情况可供选择，为什么只从两种情况中去选择呢？这难道是单纯的逻辑错误吗？恰恰是利用逻辑在为其不可告人的政治目的作诡辩。

第三，混淆是非，歪曲真理。

一切唯心主义都歪曲真理，但诡辩论者却与其他唯心主义者有所区别。其他唯心主义者是从其所坚持的理论体系、原则、认识路线出发而形成谬误的。例如，一千多年前，西方神学派一直从亚里士多德的地心论出发，认定人类是生存在一个方舟上。尽管这个结论是个谬谈，但也不能说这是诡辩。诡辩论者却是为"当时特殊情况下的利益"，为达到某种目的，随心所欲，不择手段地混淆是非。譬如，近些年来，西方霸权主义者抛出的"人权高于主权"的说法，这完全是为霸权主义者任意践踏别国主权，粗暴干涉别国内政，蓄意制造的舆论。"所欲胜因胜，所欲罪因罪"，蓄意歪曲真理，这既是诡辩论者的恶劣行径，也是区别于其他唯心主义者的显著标志。

在充分认识诡辩恼人的一面之外，人们也绝对不可以在泼脏水的时候，把孩子也一起泼掉。诡辩作为一种现象，具有一定的认识价值，作为一种辩术，还具有一定的利用价值。

黑格尔在批判的基础上，从积极的方面，同样对诡辩作了肯定，甚至断言："诡辩包含着一切教育。"列宁对这个观点很重视，他说："谈到诡辩学派时，黑格尔极其细致地反复咀嚼这样一个思想：诡辩包含着一切教育。"（列宁《哲学笔记》第 299 页）这个思想应该包含两层意思，第一，诡辩是哲学发展中的一个重要环节。譬如辩证法，在人类的辩证思维还不很充分的阶段，不少的辩术或命题，常常包含了某方面的辩证因素。例如"飞鸟之影，未尝动也"，"镞矢之疾而有不行不止之时"等等，就包含了事物的动与静的相对性与绝对性的辩证关系，之所以成了诡辩，就在于把事物所具有的相对性加以绝对化了。《吕氏春秋·离谓》记载了一个故事：

> 洧水甚大，郑之富人有溺者，人得其死者，富人请赎之，其人求金甚多，以告邓析。邓析曰："安之，人必莫之卖矣。"得死者患之，以告邓析，邓析又答之曰："安之，此必无所更买矣。"

这就是我国古代有名的"两可论"。邓析并不是在搞诡辩，而是用这种方法提出问题，即同一事物，角度不同，立场不同，得出的结论也不同。其实这就是辩证法的"两点论"。从某种意义说，诡辩也许是不少哲学思想、逻辑思维的启蒙者。第二，诡辩从反面迫使人们逼近真理，掌握真理。黑格尔认为："如果把智者的诡辩了解为只有坏人才会犯的一种品质，在这个意义之下，它是很恶劣的。但是，辩术的意义比这要普遍得多：一切从根据出发的抽象推理——对某些特殊观点加以论证，提出一些正面理由和反面理由来辩难——都是辩术。"（黑格尔《哲学史讲演录》第二卷，第20页，生活·读书·新知三联书店1957年版）人们总是"从不正确的形式和人为的联系中找到正确和天才的东西。"（《马克思恩格斯选集》第四卷，第493页）真理总是在与谬误、与错误的东西作斗争的过程中发展起来的。这种斗争同样包括同诡辩论的斗争，正是这种斗争，才迫使人们一步一步接近真理，最后掌握真理。从这个意义上来说，诡辩的确包含了教育的作用。

三、诡辩的反驳及利用

诡辩很难识别，很难反驳，很恼人。

对诡辩进行系统的批判和反驳，在我国最早的当推先秦的荀子，他在《正名》篇中针对《庄子·天下篇》中提出的"三惑"，把诡辩的手法归纳为三种："用名以乱名"，"用名以乱实"，"用实以乱名"，"名"就是"概念"，"实"就是"名"所指称的"对象"，即实际事物。他结合实例，剖析了这三种诡辩的实质，并分别提出了破解的方法。例如，"用名以乱名"，即混淆概念，曲解概念，最后达到混淆"名"与"实"的目的。他以"杀盗非杀人"为例，提出两条破解的办法，一是"验之所以为名"，二是"观其孰行"。为什么会有"盗"这个"名"呢？就是要在"人"中区别出"有偷盗，有抢劫行为者"，但并没有把"盗"排除在"人"之外。再实地考察，看看那些主张"杀盗非杀人"的人，到底杀的是不是人，这就知道"盗"不是"非人"，如此等等。尽管这种归类偏于简单，但他们提出的识别和反驳方法是可取的，至今仍然具有一定的指导意义。在他之前和在他之后，还有很多名人学者也同样作过这样的努力，这些都是值得我们学习和借鉴的。

见诸书面文字的诡辩，可供人们长时间分析与反驳。然而，大量出现在说话或演讲中的诡辩，要在一瞬间识破，并针锋相对地予以反驳，也许难度更大，没有敏捷的思辨能力，不具备卓越的口才，那是很难做到的。

诡辩的手法是多种多样、变化莫测的，常见的大体有如下几种：

含糊其辞，模棱两可。如算命先生的常用语："父在子先亡"，亦此亦彼，哪样有利就往哪方面辩解。

偷换概念，转移论题。或改变概念的内涵或外延，或抹杀不同概念的区别，或混淆种属关系，如把"思想犯罪"与"犯罪思想"混为一谈。

论据虚假。论据或者不存在，或者夸大，或者缩小，或者不充分。如宋玉反诬登徒子好色，是因为登徒子的妻子很丑，他却与妻子生了五个孩子。

循环论证，论点与论据互为论证。如耶稣是上帝的儿子，因为《圣经》上是这样写的，《圣经》又是耶稣写的。

机械类比。把互不相关的事物拉扯在一起，再由此种事物推出另一种事物的属性，如把共产党与历史上的“法家”类比，由此而说“共产党是法家”。

以偏概全。以个别代替一般，以特殊代替普遍。如创立“相对论”不是爱因斯坦的父亲提出来的，由此断定“儿子一定比父亲聪明”。

违反逻辑规则，有意错误推理。例如，“宁要社会主义的草，不要资本主义的苗”，蓄意不穷尽选言推理的前提。

还有诉诸权威，诉诸情感，人身攻击，以人为本等等，都是诡辩论者经常玩弄的伎俩。

诡辩手法花样百出，反驳诡辩的手法与技巧同样因此而丰富多彩，很难穷尽，只能以例示的方式作些粗略的归纳。

例一：

> 某法庭审理一起因恋爱不成而引发的毁容案。公诉人在分析罪犯思想时指控，犯罪嫌疑人在日记中多次写到要用各种手段进行流氓活动，可见早就萌发了犯罪思想。辩护律师接过话茬辩护：“公诉人不应该把日记上的东西当作证据使用，我国的刑法没有规定思想犯罪。”公诉人当即答辩：“我所说的是犯罪思想，而不是思想犯罪。这是两个不同的概念。犯罪思想是指犯罪嫌疑人的主观心理状态，这是犯罪构成的重要方面，如果不考察它，就无法弄清楚犯罪动机和目的，也就难以确定其犯罪是故意还是过失。我们怎么能用废除思想犯罪而否定犯罪思想呢?”

这是直接反驳。抓住诡辩的要害，有理有据地予以驳斥，高屋建瓴，言之凿凿，这是反驳诡辩论者偷换概念、转移论题最有力、最常用的手法。

例二：

老师找学生谈话，针对学生平日喜欢自吹自擂，骄傲自满的毛病，语重心长地说："满壶不响，半壶响，你懂这是为什么吗？"学生不服气，反问道："空壶响吗？""空壶不响总比半壶响要好，毕竟还有个自知之明嘛！"老师加重语气说。

这是顺水推舟，即按照对方的说法顺势推进一层，加大反驳的力度。这也许对节外生枝、胡搅蛮缠的诡辩论者最见效。

例三：

A：你刚才说，"君子爱财"？

B：我说的是"君子爱财，取之有道"。

A：有的盯住人家的口袋，趁人不备把钱扒走，这是小偷；有人拿着凶器，戴者面具，逼着别人交出钱财，这是强盗；还有的用微笑骗取信任，骗走钱财，这是骗子。这些家伙自称"君子"，自诩"有道"，其实都是"梁上君子"，"歪门邪道"。"君子爱财，取之有道"，纯属鬼话！

B：坏人爱财，所以爱财就是坏人，对吗？猪贪睡，人也贪睡，人就是猪吗？猴子爱吃桃，人也爱吃桃，人就是猴子吗？黄鼠狼吃鸡，你也吃鸡，你是否也是黄鼠狼呢？

这叫以其人之道还治其人之身，即按照诡辩论者的逻辑，使诡辩论者陷入不能自圆其说的尴尬之中。这种方法也叫归谬法。

例四：

某宾馆，一台商要求服务小姐换房，遭到生硬的拒绝。于是一场口角展开了：

台商：“大陆不是口口声声说‘为人民服务’吗？”

小姐：“是啊，是为人民服务，可不是为你一个人服务啊！”

台商：“我是不是人民，为什么不能为我服务？”

小姐：“鬼知道，反正我没查过你的档案！”

台商：“住店要查档案吗？请问小姐，你们这里是宾馆，还是公安局呢？”

这是环环相扣，突破一点。辩论中，也许先是僵持，但可以伺机找准破绽，一攻即破。

例五：

一次外贸谈判，我国外贸代表拒绝了一个红头发的西方外商的无理要求，这家伙恼羞成怒，出口伤人。

外商：“代表先生，我看你皮肤发黄，大概是营养不良造成你思维紊乱吧！”

我国代表当即反击：“经理先生，我既不会因为你皮肤是白色的，就说你严重失血，造成思维紊乱，也不会因为你头发是红色的，就说你吸干了他人的血，造成你头脑发昏。”

这是以眼还眼，以牙还牙，针锋相对，寸步不让。这对于由事态而引发人身攻击的诡辩论者来说，的确是当头棒喝，有力而痛快。

如此等等。在言语交锋中，反驳诡辩，既要看得准，又要迅捷有力，三言两语，干脆利落，千万不可啰嗦，千万不可纠缠。

诡辩虽然使人生厌，但诡辩论者在诡辩过程中所表现的随机应变的机智，也并不是不可利用和发挥。古今中外的雄辩者，除了具有方方面面卓越才能之外，他们化腐朽为神奇，同样机智地把诡辩作为一种辩术使用，同样令人叹为观止。试举几例，或许能从中领悟其精妙。

例一：

我国著名的女作家谌容在美国演讲，一位记者突然发问："听说你至今还不是中共党员，请问你对共产党的私人感情如何？"谌容从容作答："你的情报很准确，我确实还不是中国共产党党员。但是，我的丈夫是个老共产党员，而我同他共同生活了几十年尚无离婚迹象，可见，我同共产党的感情有多深。"

（摘自刘吉、华琪《对话艺术》，第81页）

记者的发问带有很大的挑拨性，认真回答似乎没有这个必要，但又不得不回答。仔细琢磨，这是一种诡辩，即把对共产党的感情，改换成了对丈夫的感情。也正是这种改换才造成了诙谐，从诙谐中表达了真意。

例二：

毛泽东常说，他是"按月亮的规律办事"，白天睡觉夜里办公。医务人员劝他要多晒晒太阳，多活动活动，可毛泽东却说："老虎就是白天睡觉夜里出来，它也不见什么太阳，不是也很健康吗？"

（摘自《世纪行》，2002年第2期）

很显然，这是一种机械类比，无疑是一种诡辩。但这种诡辩却是强调了他自己的一种习惯性的生活方式，体现了他的个性，自然也包含了辩证法。说话中，有时为了开拓新的思路，新的话题，偶尔使用这种说话方式，也未尝不可。

例三：

张作霖草莽出身，胸无点墨。一次出席名人雅宴，不料日本浪人有意要让他出丑，请他即席赏幅字画。他当即挥毫写了个“虚”字，并得意洋洋落款：“张作霖手黑”(意即亲手写的)，旁边的随从悄声对他说：“你写的‘墨’字少了个‘土’，‘手墨’成了‘手黑’。”张作霖一看，愣住了。改也不是，不改也不是，于是故意呵斥随从：“我还不晓得这‘墨’字下面有个‘土’？这是日本人求我的东西，这叫寸土不让！”话音刚落，满堂喝彩。

本来就错了，本来就很难堪，却为了挽回面子，这一诡辩也不失为高招。这种事，这种情势，在言语交际时也是常有的，诡辩同样是摆脱困境，突破尴尬的一法。

技巧实践

一、模拟

一天，一位新上任的主任，办完交接手续之后，与办公室的同事一起陪才退居二线的老主任吃饭，大家有说有笑，十分融洽。席间，新主任夹起一条青蛙腿敬给老主任，老主任叹息地说：“这青蛙吃掉太可惜了！”新主任却一边摇头，一边说：“不要紧，不要紧，这青蛙老了，没用了，尽管吃！”话音刚落，老主任面带难色地放下了筷子，其他的人也面面相觑。

假设你是这位新主任，或者是其中的一员，面对此情此景，你该说点什么？

1. 安慰老主任的话，该怎么说？

2. 缓和气氛的话，该怎么说？

3. 难堪之际却能突然爆发笑声的话，该怎么说？

按上述三个层次，分别设计三句话，并说出来。

二、续话

（一）小王洗手之后，没关水龙头，扬长而去。管理员批评他，他反问道："难道你不懂'流水不腐'吗？"

（二）小李和热恋中的男朋友在商场购物，小李专挑高档商品买，站在一旁的小黄过意不去，悄声对小李说："这样做，你不觉得太过分了吗？"小李却满不在乎地说："'生命诚可贵，爱情价更高'，爱情当然要用高价才能换来。"

要求：

1. 分析小王与小李的说法有何不妥？要害是什么？

2. 分别以管理员和小黄的身份，反驳小王和小李的说法。不得超过三句话。

三、实例赏析

阅读下面一篇演讲稿，识别其中的幽默语、模糊语、委婉语，并说出它们的表达效果。

我与汉学

印度　鲁巴·沙尔玛

尊敬的主席先生、尊敬的评判老师，先生们、女士们：

请允许我继上次《汉学在印度》的演讲之后，今天，再作《我与汉学》的演讲。第一届冠军杨惠声先生，前不久对记者说过这样一句话，他说，听我妹妹拉米雅·沙尔玛的演讲，"如果单听声音，还以为她是地道的北京人呢！"

听到这样的赞誉，我们姊妹四个经常闹出一些有趣的事。记得刚到新加坡的时候，报上登了一则聘请华语家庭教师的广告，我怀着好奇心，找到这家主人，敲开门，主人见我是个印度姑娘，连连摇手，说他要请的是华语教师，不是教印度语的。我说，我就是来教华语的。他一听我的口音，十分惊喜，连忙请我进屋。

我是个印度姑娘，我的母语是泰米尔语，因为酷爱汉学，我又刻苦学习了华语。

几千年的创造，几千年的积淀，既造就了印度文化，又造就了中国文化。这两种文化，既是人类勤劳智慧的结晶，也是人类文明进步的标志。还在我牙牙学语的时候，我的父母就告诉过我，要真正领略人类文明的精华，学了印度文化之后，一定要去中国学习汉学。

后来，我跟随父母，真的踏上了中国这块古老而神秘的国土，从此，便开始了我在汉学领域里的遨游。

随着年龄的增长，随着学识的增多，我渐渐懂得了，中国的历史发展到春秋战国时代，以孔子为代表的儒家学说，就已经为中国传统文化全面地奠定了扎实的基础，孔子所建树的思想观点，从此成为后来历代统治者治理国家的理论依据，同时也成了中国人民繁衍生息的精神支柱。综观中国漫长的历史，历代王朝获取统治地位的手段千差万别，但有一点是共同的，这就是，谁都必须从孔子的儒家思想宝库中寻找思想武器。即使是非汉民族来统治，也不例外，而且，非汉民族还常常被汉化。所谓“汉化”，其实在很大的程度上就是被儒学化，曾经凶悍一时的元朝和清朝，就是这种结局。因为，只有以孔子为代表的儒家思想才是中国人惟一能够共同接受的思想。正因为如此，中国人称孔子为“至圣先师”，外国人说孔子是“真理的解释者”（伏尔泰语）。经过两千多年的不断发展，不断完善，一个以儒学为核心的中国传统文化，终于以其夺目异彩璀璨于人间。它不仅一代又一代地孕育着炎黄子孙，同时也对世界的文明与进步产生了不可估量的影响。

正是因为有了这种文化，中国才产生了秦皇汉武、唐宗宋祖以及孙中山等一个又一个叱咤风云的伟大人物，同时也哺育了一代又一代谦和、友善、朴实、上进的中国人民。不管是伟大还是平凡，富有还是贫穷，高贵还是俗贱，他们都同样是根植于儒家学说的沃土里。

正因为有了这种文化，中华民族才有了无穷的智慧、无限的创造力。一两千年前，有哪个民族建造过长城这样宏伟的建筑物呢？有哪个民族塑造过西安兵马俑那样精湛恢宏的艺术品呢？又有哪个民族织造过长沙出土的西汉丝绸呢？没有，也不可能有，只有这样的文化，才能滋润出这种智慧，这种创造力。

正因为有了这样的文化，中国才萌发了这么多诗歌、戏剧、小说等文学名著。在这些名篇中，时代不同，内容各异，手法标新，但却有一个共同点，这就是它们无不渗透着儒家的思想感情，儒家的道德情操，儒家的行为准则，而且，一般都是肯定甚至歌颂维护孔孟之道的卫道士，而对离经叛道者总是持批评和否定的态度。

如此等等，世界上又有哪种思想，哪种主义，哪种信仰，能在如此漫长的历史长河中，如此幅员辽阔的国度里，起着如此坚不可摧的支配作用呢？又有哪种学说，哪种理论，哪种建树，能够如此潜移默化地影响着一个民族的思想情操，规范着人们的行为举止呢？正如宋朝著名理学家朱熹说的："自尧舜以下，若不生孔子，后人何处讨分晓？天不生仲尼，万古长如夜。"

中国传统文化如此博大精深，如此源远流长，我一个才疏学浅的印度姑娘，不管怎么努力，不管怎么用功，我终究只能了解到一个粗略，一点皮毛。不怕朋友们见笑，顶多顶多，我只会说几句比较流利的中国话，就这几句，也花费了我多年的心血。在中国的日子里，我除了请教老师之外，我特别注意与土生土长的中国人交朋友。说句实在话，没有我的中国老师，没有我那些中国朋友，今天，我能站在这里用华语演讲吗？我十分感谢他们！

几度风雨，几万里行程，如今，我又来到了新加坡，来到了朋友们中间。我愿与朋友们一道，将毕生精力融入中国传统文化的学习和研究之中。我坚信，中国传统文化一定会在新加坡发扬光大！最后，请让我引用唐朝诗仙李白的两句诗与大家共勉：

“长风破浪会有时，直挂云帆济沧海。”

谢谢大家！

（摘自《演讲与口才》，1995 年第 1 期）

第七章 演讲的类型

严格意义上的演讲，应该是运用有声语言，并借助身姿、手势、表情，面对听众发表主张、见地、感悟，表达真情实感的现实性的言语活动。这种言语活动，与平时的会话比较，更加严谨，且随意性较少，同时注重技巧与技艺；与大会上的发言、讲话、报告比较，它更注重个人真知灼见与真情实感，虽然对听众没有明显的约束力，却具有极强的感召力与吸引力；相对于朗诵、小品、相声、讲故事等语言艺术，演讲表现的是自我而不是作品，不是艺术表演，而是艺术处理。演讲具有现实的品格，同时又具有一定的审美价值，是一种实用艺术。因此，在讲到演讲的类型时，既不能把凡属面对听众的各种言语活动都囊括在演讲之中，又不能把演讲的范围限定得太狭窄，而只作命题演讲和即席演讲两种分类。譬如，讲话、报告、开幕词、闭幕词、讲课等，显然不属演讲范围。事实上，除了这两种类型之外，论辩也同样是演讲，是命题演讲与即席演讲的综合运用。因此，演讲应该是三种类型，一是命题演讲，二是即席演讲，三是论辩演讲。

第一节 命题演讲

命题演讲是根据指定的题目或限定的主题，作了充分准备的大型演讲。

命题演讲大致可分为两大类。一是定题演讲，即根据主办单位确定的题目进行演讲。这种演讲对演讲的主题和内容都作了严格的限制，例如《党在我心中》，必须歌颂党，必须讲个人的经历和体会。另一类是自拟题目，主题和内容由演讲者自行选定。

命题演讲，一般事先写成了完整的讲稿。演讲的过程就是演讲稿的全面实施。

命题演讲一般都很严谨，很稳定，而且针对性很强。

命题演讲一般由三个阶段组成，即酝酿构思、演练、演讲。前苏联Г·З阿普列相对此讲得很形象，他说："真正的演讲家总是一身而三任：既是作者（'剧作家'），又是排练者（'导演'），还是完成自己的演讲、谈话的表演者。"（摘自Г·З阿普列相《演讲艺术》，东北师范大学出版社1987年版，第63页）

一、酝酿构思

一次成功的演讲在很大程度上取决于酝酿与构思，这是一个十分艰难的创作过程，它包括定题、确立主题、选择材料、设计程序，一直到写成演讲稿。在这个过程中，不但要考虑主题的适时性，还要大量收集材料并衡量这些材料的生动性与典型性，同时还要注意突出自己的个性与风格。这虽然是一系列的封闭式的个人劳动，但同时又是以社会、听众为背景的艺术创作活动。美国总统林肯的《在葛底斯堡国家烈士公墓落成仪式上的演说》酝酿与构思过程，也许对我们很有启发。当时，葛底斯堡委员会只邀请他"适当地讲几句话"，可林肯却为讲好这"几句话"，花了两周多的时间作准备。首先是反复琢磨爱德华的演讲稿（爱德华的演讲安排在他前面），接着是构思，不论在路上，在办公室，一有时间就思考他的演讲，再写稿，随身携带，有空就推敲，直到演讲的前一天晚上，到了葛底斯堡，为润色讲稿，他花费了整个后半夜，并请秘书提意见。就在上台前，他还为演讲的内容作了最后的增删。整篇演讲只有十句话，三分钟，可他却获得了空前的成功。在场的1500名听众无不热泪盈眶，掌声雷动。演讲之后，这篇演讲稿被铸成金文，至今还收藏在英国牛津大学博物馆。试想，不经过如此的深思熟虑和精心构思，能有如此堪称世界典范的演讲吗？真可谓是“台上几分钟，台下百日功”。

酝酿与构思集中体现在演讲稿的创作过程中，而命题演讲成功与否，又在很大的程度上取决于演讲稿质量的高下。因此，精心写作演讲稿是命题演讲的关键所在。

二、演练

演讲稿写成之后演讲之前，还有一个演练阶段，即处理演讲稿和背诵演讲稿。两者比较，关键是处理演讲稿。有的演讲者以为只要把演讲稿熟记和背诵就可以上台演讲，其实不然。演讲稿只是把酝酿构思用文字记录下来了，其中暗含了全部的精心设计，譬如语调、快慢、重音、停顿等等，这些都无法在讲稿中作文字说明，这一切都需要演讲者在演练中仔细体会，精心处理。这种处理，主要是三个方面。一是情感基调把握。或者平实，或者激昂，或者欢快，或者悲壮。有的重在叙事，有的偏于抒情，有的以说理见长，要根据稿件的内容，作出相应的处理。自己写的稿子易于处理，如果稿件是由别人代写，或者有所加工，就更应细心揣摩。如果情感基调把握不准，情感不到位，甚至错位，再好的稿件也表达不出来，这是至关重要的。二是语音处理。由文字转化为语音，一定要经过处理。因为没有经过严格的处理，演讲中经常出现念稿和背稿的现象，或因为处理过分，出现朗诵或拉腔拉调的现象。这两种现象，严格地说，都不是演讲。演讲既要自然，又要恰当艺术处理，而且这种处理还需要特别注意整体把握，不能只着眼于某个词语、某一句话、某一个语段的处理，这样反而会造成整篇演讲的不协调。三是态势处理。服饰、化妆，这是事先可以考虑好的。手势、身姿、面部表情，这是随着演讲的进程，随着内容与情感的变化而不断变化着，原则上很难设计的。但在稿件的几个关键处，也可以适当设计。

三、演讲

登台演讲，这是对演讲稿的全面实施。

登台亮相。亮相，这是借用戏剧中的套路，目的在于让听众看清演讲者的面目神情，起到静场的作用。不慌不忙地走上台，先站定，后抬头，向全场投去亲切的目光，甚至还可以轻轻点头，但不可招手。招手就显然把自己看成是个人物了，听众会反感的。

开场白。一般演讲稿都作了开场白的设计，只要恰当地表达出来就可以获得静场的效果。但也有例外，开场白的设计，与现场的场景、气氛、对象不完全吻合，甚至相反。在这种情况下，必须及时调整或改变。例如一位教授应邀去一所大学发表演讲，适逢校园举行青年歌手大赛。教授到现场一看，场内还有空位，可走廊上却站着不少学生，显然这些学生是在徘徊观望，只要演讲不合胃口，马上就会离开的，而且还可能带动其他学生离开。于是教授将原来准备的开场白："听说今天有青年歌手大赛在同时间举行，我本不想来，但是时间排不开，只好硬着头皮来，如果讲得不好，请大家原谅。"这样开头，肯定是吸引不了学生的。临上讲台之前，他改为下面一段开场白：

> 今天首先是你们鼓舞了我。你们放弃了观看青年歌手大赛的机会，来到这里听我演讲，这说明你们严肃地做了选择。在说的与唱的之间，一般人选择唱的，而你们选择了说的；在年轻小伙子、姑娘和老头之间，一般

人会选择小伙子与姑娘，而你们却选择了我这个半老头子。这说明你们认定说的比唱的好听，老头子比年轻人更有魅力。这使我产生了返老还童之感。

话音刚落，全场爆发了热烈的掌声，走廊上的人挤进了座位，后来的人又挤进了走廊。这就是开场白的魅力。假如不根据演讲现场作出处理，显然是达不到这种效果的。开场白要做到新颖独到，还要与现场相符，而且还要简短。

高潮造势及处理。演讲必须出现高潮，没有高潮的演讲是平淡的，甚至是乏味的。高潮的标志是场内爆发热烈的掌声。这掌声是心灵交汇，是情感的共鸣，是理智的互振。这种高潮，虽然在演讲稿中一般都作了设计，但是在现场实施中却不一定会有高潮出现，即算出现了，效果也不一定很理想。这里的要紧处是两点，一是在高潮之前要造势，二是对高潮之处要作处理。造势，就是在高潮之前造成一种气势，一种情势，一种态势。高潮处，一般是最为精辟之处，也是最富情感，最富感悟，最富哲理之处。而这样的精辟之处，不是突然出现，而是有一个生发过程，即顺着听众由感性到理性，由感动到感悟，由期待到满足这样一个思维的、情绪的、心理的过程来实现的。譬如高潮之前的叙述或描写，要说得真真切切，要把情景再现出来。欢快的事，说得听众个个眉飞色舞；伤心的事，说得听众泣不成声；气愤的事，说得听众咬牙切齿，如此等等。这就是造势。在这样的情势下，再进入高潮处，岂能不鼓掌？例如：

面对苍天，面对高山，面对大海，我们谁都要记住：孝敬父母，天经地义！

这是一篇讲孝敬父母的演讲稿中的几句最富震撼力的话。在这段话之前，演讲者略带颤音地讲了两位母亲的感人事迹：一个是为了治疗女儿的白血病，连续八年把自己的血液输给女儿；一个是奋力把两个落水的儿女顶出水面，自己却永远沉在水底。听众的情感的确被激发起来了，如果再把这几句话处理好，高潮无疑会出现的。可这位演讲者，在说这几句话时，却用了一种很平淡的语调，毫无变化地一句连一句说出来，既没有提高声量，也没有特别的停顿，神情平淡，手势也没有，其结果只能是台下寂然。就这样，一篇十分感人的演讲稿，却没有达到预期的效果。正确的处理手段应该是，紧承前面的叙述语气，转入凝重，一句比一句重地说出前面三个排比句，造成一种排山倒海的气势。说完“我们谁都要记住”之后，应该有所停顿，让听众产生期待感。说“孝敬父母”这句时，音量稍低，但低而不弱，以便突出最后一句。说“天经地义”，应一字一顿，声量加大，有斩钉截铁之势，再与强有力的手势配合，这样处理，高潮就自然会出现。

除了上述几点，还有演讲主题的提炼、材料的选择、结构的安排、节奏的形成、结尾的处理等等。

第二节　即席演讲

即席演讲，就是事先没有准备，没有现成讲稿，因事而发，触景生情，乘兴而起的演讲，也叫即兴演讲。这种演讲与命题演讲虽然没有本质的差别，但使用范围更广，频率更高，难度更大。

即席演讲的关键在于快速思维，即快速组织内部语言（即思维），快速将内部语言转化成外部语言（即有声语言）。生活常识告诉我们，当处在兴奋状态中，人的思维最活跃。兴奋，是刺激的结果。因此，要在演讲现场，忽地产生说话的欲望，找到话题，并立即组织成一篇精美的演讲，首先必须找到刺激源，激活思维。或者情景激发，如听众的情绪、会场的气氛、场地布置、场外情景等，或者理智激发，如会议的主题、别人的讲话、旁人的议论、一句格言、一句诗等，或者自我引发，即自己的亲身经历，一段见闻等等，这一切都能成为刺激源，都能激活思维。思维激活的最初表现，便是有了说话的意向（包括说话的欲望与话题）。仅仅只有意向，而没有具体的内容，还是没有话可说。这就需要在一瞬间调动自身的各种积累，包括知识、经验、理论、事实等等，将意向扩展，并具体化，至此，内部语言基本形成。最后，就是表达，即将内部语言转化成有声语言，这种表达不是随意的、零散的、纯自然化地说一说而已，而是精心的、有步骤的、具有一定的审美价值的演讲。要在即席之间获得这种演讲的成功，下列几种演讲方式，大可以仿效。

一、魔术公式

这是戴维·卡耐基竭力提倡的一种演讲方式。他是美国著名的演讲家、教育家。他曾在芝加哥、洛杉矶、纽约邀请了一批资深的教授和传播学家，通过讨论，博采众长，总结了这种演讲方式。他认为，这是“讲究速度的现代最佳演说法”。其要点有三：

第一，尚未涉及演讲核心内容之前，先举一个具体的实例，通过实例，把你想让听众知道的事透露出来。

第二，用明确的语言，叙述主旨、要点，将你要让听众去做的事，明白地说出来。

第三，说明理由，进行分析，采取集中攻破的方式来处理。

例如，在一次全国性的演讲大赛中，先是命题演讲，接着就是三分钟即席演讲。一位选手抽到的题目是：《正气歌》的联想。他从引用了文天祥《正气歌》中的：“人生自古谁无死，留取丹心照汗青”诗句入题，紧接着就讲了这样一件事：

在一家外资企业，一位老工人熬不住长时间的加班加点，打瞌睡了，女老板竟然罚他下跪，其他工人一起抗议，这位女老板公然强迫所有的工人下跪。没有下跪的只有一个青年人，他说："我是中国人，我绝不能在你们面前跪下！"（掌声）"我可以失业，但是我的膝盖从 1949 年就站起来了！"（掌声）

正气歌，我最爱唱的就是："起来，不愿做奴隶的人们！"（掌声）

不要听他下面是怎样围绕《国歌》展开说理，单看这个开头，既切题，又能充分激发全场听众的情绪。才讲短短的一小段话，全场就爆发了三次掌声（在讲这件事之前，还有一次掌声），足见这种演讲方式所产生的效果。

这种演讲之所以值得提倡，其一，能迅速进入话题，第二，能立即集中听众的注意力，引发听众的兴趣，第三，可以利用讲述实例的过程，争取时间组织全篇的演讲。

二、结构精选模式

这是美国公共演讲专家理查德总结提倡的一种快速演讲方式。他归纳为四个层次的提示信号：

（一）请注意！（开头就激起听众兴趣）

（二）为什么要费口舌？（强调指出演讲的重要性）

（三）举例子。（用具体事例形象地将一个个论点印入听众的脑海里）

（四）怎么办？（具体讲清大家该做些什么）

例如，一位演讲者抽到了即席演讲的题目是"人，家，国"，这个题目的难度相当大。我们听听他是怎么讲的：

主宰和支持我们这个光怪陆离的世界的是什么？说

出来实在简单，就是一撇一捺，就是“人”！然而，构成这一撇一捺的却是相互依存、相互联系、相互支撑的啊！否则，就不可能有完美的人生，温馨的家庭，强盛的国家。

接着紧扣人与人，个人与家庭，个人与国家的关系，分别展开举例。为了说明人与人之间的这种相互依存的关系，他举出了湖南抗洪抢险的事例。常德有一处河堤决口，当地的党支部书记率先跳进汹涌的洪水中，接着，一个、两个、十个、二十个……纷纷奋不顾身地跳下去了，他们手挽手，霎时就筑起了一道人墙，堵住了洪水，经过奋力抢修，终于保住了数万人的生命和财产安全。说到个人与家庭的关系，他举出了一位私营企业家，经过十几年的艰苦创业，他有了别墅，有了小车，儿子还准备出国留学，本是事业有成，家庭幸福，可他渐渐染上了毒瘾，不仅吸毒，还参与贩毒，没几年，钱花光了，妻子离婚，儿子辍学，自己锒铛入狱，真是“成也萧何，败也萧何”。在讲到个人与国家的关系时，他举例说，在日本奴役东南亚时期，在印尼雅加达一到晚上就戒严。一位中国的富翁，为了避开警察的盘查和拘捕，他每天晚上都雇一个日本妓女陪伴。难道一个富翁还不如一个妓女吗？因为富翁再富有，但他的国家是懦弱的，妓女再下贱，她的国家却很强大。

最后他归结说：“人是社会关系的总和，做人就应该做一个有益于家庭，有益于社会，有益于国家的人。”

即席之间，把人、家、国三者很难说清楚的关系说清楚了，而且具体、生动，很富有启迪性。

魔术公式与结构精选模式比较，前者，实例在前，说理在后，便于立即调动场内气氛，但说理如果不精确，容易出现虎头蛇尾的弊端，后者，是边举例边说理，有血有肉，但把握不当，也容易出现松散。两者各有利弊，全在恰当把握。

三、逆向思维模式

演讲一般都是呈现出“响开头，曲主体，蓄结尾”的态势。这种演讲方式所不同的是，演讲者首先考虑的不是如何开头，而是一个响亮的结尾。对开头反而作冷处理，形成一种逆向思维，使整篇演讲出现一个“淡开头，趣主体，响结尾”的格局。这在即席演讲中也特别管用。在即席演讲中，其实不少演讲者不知不觉地用上了，如果有意识地用上，效果就会更好。

例如，一位演讲者即席演讲的题目是“施恩不图报”。全篇演讲的脉络大致如下：她从参加这次大赛报到说起，亮明自己的身份是个教师，再针对台下是师范院校的学生，自然进入谈教师的境况。接着就讲述自己当教师的得意感。虽然以红烛自比，却又提出一个疑惑：“既然是红烛，为什么要流泪呢?”她的启蒙老师告诉她：“红烛虽有泪，燃烧却无悔；教师是清贫，施恩不图报。”接下去，便集中讲述这位老师一段感人的经历。最后，承接“施恩不图报”的话题谈自己的感受。(原稿见《“红河杯”全国演讲大赛优秀演讲词》第 318 ~ 319 页。)

全篇演讲扣题很紧，讲述的事迹很具有感染力，作为即席演讲自然不错。但是，如果讲到“既然是红烛，为什么要流泪呢?”之后，就直接讲述老师的经历，把老师告诉她的四句话作为全篇的结尾，效果就大不一样了。逆向思维模式不仅使全篇演讲更加紧凑，而且还会造成一种越往后讲就越精彩的情态，全场必然爆发出热烈的掌声。这正是逆向思维模式的特别之处。这种演讲方式，开头并不怎么吸引听众，但随着演讲的展开，渐入佳境，尤其到了结尾处，常常会出现火爆场面。

除了上述三种演讲方式之外，即席演讲还可以用关联词语把材料组接起来，展开有层次的演讲。譬如，讲“男子汉的风度”

这样的话题，可采用这样的思路：男子汉不仅能怎样，而且能怎样，还能怎么样，更应怎么样。其中的“不仅”、“而且”、“还”、“更”，都是一些关联词语，结合起来，就形成一种层层推进的逻辑关系。

第三节　论辩演讲

论辩，这是一种辩护自己，反驳别人的语言角逐。因为论辩双方的立场观点不同甚至对立，才出现了你来我往的言语交锋。演讲是一种言语独白，即一个人讲，大家听。演讲者与听众的立场观基本上是同一的，即使不同一，也极少出现言语冲突。由此而说，论辩与演讲似乎并非一码事。但是，从真实地表现自我，从言语的公开性，从说服功能、教育功能、情感功能、审美功能等等方面衡量，论辩同样不失演讲的本质特征。从立论的严密性、完整性，以及反驳的随机性、灵活性来看，论辩其实就是命题演讲与即席演讲的综合运用。

一、论辩演讲的类别

论辩，总的是两大类，一类是自由争论，即人们在交往中，对事物的不同看法的争辩。少则几句，多则长篇大论；轻则一句两句就完事，重则互不相让，以致大动肝火，拳脚相加。这种争辩，即事而起，是无组织、无规则的。还有一类是专题辩论，即有组织、有规则、有目的的辩论，是一种最有效的辩论。

（一）决策论辩

这种论辩是在人们行动之前，参与决策的人员围绕目标选择、方案（手段）选择所展开的不同意见的语言交锋。任何一个重大的决策都必然经过激烈的辩论并产生深远的影响。春秋战国时期的合纵连横，三国时期的联吴抗曹，中国共产党走农村包围城市的道路，20 世纪 80 年代初中国的“改革开放，搞活经济”等等，都是经过长期的激烈辩论，都是一些划时代的重大决策。正确的决策，是广开言路，集思广益的必然产物，一定要坚持民主集中制的原则。

（二）外交论辩

这是国际交往中，就某些问题所展开的辩论，是一种最古老的演讲艺术。外交论辩是以维护与捍卫本国的尊严和利益为原则，是原则性与灵活性相结合，既针锋相对，又委婉迂回，既严肃认真，又不失礼节，既有双边会谈，又有多边斡旋。

（三）法庭论辩

这是依据一定的法律程序，诉讼双方在法庭上就调查的事实和证据如何认定，如何适用法律条文所进行的证明与反驳，是诉讼活动中的一个重要组成部分。诉讼双方虽然是对立的，但辩论的目的却是一致的，即通过辩论，使审判人员进一步审理事实真相，以便依法判处，既维护法律的尊严，又维护了双方的合法权益。这种论辩必须以事实为依据，以法律为准绳，就事论法，事法结合。

（四）答辩

这是就别人的提问而进行答复和辩解，常见的有竞选答辩、就职答辩、答记者问、专题答辩、论文答辩等。这些答辩虽然有一定的准备，但由于提问的复杂性，常常使答辩者猝不及防，这就要求答辩者必须具备良好的心理素质，高尚的道德修养和相应的知识储备，同时还要具备敏捷的判断能力和思维能力。

（五）赛场论辩

目前流行的辩论赛，虽然备受人们的青睐，但基本上还是一种表演性的论辩。赛场上尽管双方舌战异常激烈，但各自所捍卫的立场观点，并非本意，正反双方是由抽签决定的。然而这种辩论是有益的，有益于锻炼人的思维能力、应变能力和语言表达能力。辩论赛具有严密的规则性、对抗性、临场性和整体性的特点。

二、立论

论辩，一般由立论与反驳两部分构成。

立论，就是对自己的观点、主张、意见、措施，进行充分的论证。立论，立场观点必须正确，理由充分，论证符合逻辑，这是反驳的依据，获胜的关键。

论辩，一般都是立论在先，反驳在后，即首先全面系统地阐述自己或本方的立场观点，然后再反驳对方的谬误。这种阐述就是辩论中的陈词。这种陈词一般都是作了充分准备的，而且还可写成讲稿。它可以是一次性集中陈述，譬如决策论辩、外交论辩、法庭论辩、答辩等，也可以是论辩双方交替陈述，譬如辩论赛第一阶段的双方陈词。虽然在陈词的过程中包含了一定的反驳，但主要还是正面陈述，反驳仅仅是为了加强陈述的针对性。从这些最本质的特征来衡量，陈词实际上就是一种命题演讲。

在辩论赛中，立论就是确立基本观点和基本的理论框架，也叫底线，这是至关重要的。譬如，1993 年新加坡亚洲大专辩论赛，台湾国立大学代表队的观点是“人性本善”，复旦大学代表队则是“人性本恶”。双方针锋相对，要反驳对方，首先就必须充分证明本方的观点。复旦大学代表队为证明“人性本恶”，作了三个层次的论证：第一，人性由自然属性和社会属性构成，人的自然属性是恶的，即“本恶”；第二，通过社会教化，人就具有社会属性了，就能弃恶从善；第三，古今中外的正反两方面的事实，以及先哲名人伟人的经典论断，都证明了人性本恶，都主张抑恶从善。因为立论正确，论据充分，逻辑结构严密，再加上他们卓越的口才，才一举夺魁。

论证的手法是多种多样的，运用大量事实进行证明，这是归纳的手法；依据法则、定理、定义、经典论述，层层推演，这是演绎的手法；还可以用比较、类比、比喻的手法论证等等。

三、反驳

反驳，这是辩论中最具智慧、最精彩的部分。辩论中，双方都有很精当的立论与充分的论证。反驳就是依据自己或本方的立论及时发现对方的破绽与谬误并给予最简捷最具有杀伤力的批驳，而且要在言语交锋的一瞬间完成，这个难度是相当大的，因而具有即席演讲的特征。

反驳，大体上有强辩、巧辩、情态反驳三种形态。

（一）强辩

是则是，非则非，义正词严，针锋相对，态度强硬。例如，抗战时期，厦门大学从英国请来一位教授讲学，校长萨本栋以礼相待，这位教授却在酒宴上大放厥词，说什么厦门大学还不如“英伦三岛的中心小学校”。

萨本栋校长解释说：“抗战时期，因陋就简，但教学质量，厦大一向从严。”

英国教授却说：“欧美开风气之先导，执科学之牛耳。敝国有诗圣拜伦、雪莱，剧圣莎士比亚，现代生物学之父达尔文，力学之父牛顿。可叹泱泱中华，国运蹇促，岂可侈称‘物华天宝，人杰地灵’之邦乎?”

萨校长当即反驳：“教授先生，你别忘了，中国的李白、杜甫如彗星经天之日，英伦还是中世纪蒙昧莽荒之时，中国李时珍写下《本草纲目》之际，达尔文之父乃其祖不知在哪里?”

英教授又说：“校长阁下，请记住，是美利坚合众国的伍斯特工学院和斯坦福大学造就了您的学识和才能！”

萨校长寸步不让地说：“博士先生，我提醒您，中华文明曾经震惊世界，没有中国远古的四大发明也决不会有大不列颠帝国的近代产业革命。”

这段反驳，有理有据，针尖对麦芒，不仅反驳了对方的言辞，而且对他的嚣张气焰也是当头棒喝，从而维护了中华民族的尊严。这是一种强有力的辩驳。

（二）巧辩

巧辩，即机智、巧妙的辩驳。或者论辩双方势均力敌，旗鼓相当，或者敌强我弱，处于不利情势，或者迫于情势，不便强攻，或者即便有理，但求有利有节等等，都需巧辩。

巧辩，一般有巧设问机、归谬、二难推理、预期反驳、间接反驳等等。

巧问，机智的发问，可以把对方问住，迫使对方就范，而且还很难自圆其说，进退两难，因而具有一定的威慑力。例如，1993年新加坡亚洲大专辩论赛，复旦大学代表队六次向台湾国立大学代表队发问：“善花是如何结出恶果的？”弄得对方很狼狈，充分暴露了对方立论的破绽。

巧问，有诱问、套问、逼问几种，上例就是逼问。

归谬，就是根据对方的逻辑，把对方的论点或论据加以引申，得出一个荒谬的结论，以此来反驳对方的论点或论据。当年，一位外国人在陕西终南山滥杀野牛，冯玉祥将军讯问他，他却狡辩，说是护照上是“准许带猎枪的”。冯将军当即训斥：

准许你们携带猎枪，就是准许你们打猎吗？若准许你们携带手枪，难道就可以在中国境内随意杀人吗？

这是将对方的论据加以引申。这种反驳既省力，又很有杀伤性。

二难推理。先看一个实例。在机构改革中，一位年事已高的干部理应退下来了，可他满腹牢骚。组织上找他谈话，除了充分肯定了他的成绩之外，还特别说了下面几句话：

> 恕我直言，在我们领导下的这些人，如果至今还没有人能胜任我们的工作，那就说明，我们是不称职的，如果有人能胜任我们的工作，而且比我们做得更好，那我们还有什么必要去争这份热情呢？

结论是什么呢？不管是哪种情况，都应该退下来。这种推理的方式，是先设定几种可能，再分别推出结论，而这种结论又是对方所不愿意接受的，但逻辑又限定了，不可能再作别的选择，只能接受。这就是二难。

预期反驳，即在辩论中，设想对方将会提出什么问题，持何种理由，找出什么借口，为堵住对方的反驳，不等对方开口，一一提出来并加以驳斥。通常的表述方式是："我知道，你将会说……""不难设想，你一定会说……" "你肯定会认为，这是……""站在你们的立场，你们将会……"预期反驳不仅可以堵住对方的反击，而且还能从反面加强自身的力度。

间接反驳，是不宜正面反击，而只能迂回出击，或者以退为进。《艺文类聚》中载有一则故事，晋文公有一次吃烤肉，发现烤肉上缠着一根头发，大怒，斥责厨师失职。厨师面对杀头的危险，连忙认罪："臣罪有三：其一，我切肉用的刀锋利无比，切断了肉，却没有切断头发；其二，我用铁锥把肉串着烤，仔细烤，却没有发现头发；其三，肉被烤得赤红，可肉外的头发却没有烤焦。"晋文公一听，猛然醒悟，其中必有蹊跷。后经查证，原来是有人以此陷害厨师，这样才免了厨师一死。这是一种很聪明的反驳，不动声色，以退为进。认罪是为了满足对方的自尊，陈述三条“罪行”，实际上是摆出事实，据理力争。

（三）情态反驳

辩论者的体态、手势、表情等，也可以构成反驳，运用得好，常常还可以起到言辞不可替代的作用。一丝友好的微笑，自然可以缓解对方的对立情绪；一副鄙夷的神情，反而可以煞住对方的嚣张气焰；一个有力的手势，显然会促使对方从中去掂量出分量；一个出其不意的举动，足以使对方手足无措等等。但是，辩论中切忌粗鲁、蛮横、失礼、失态。

技巧实践

一、录像观赏评析

放一场演讲比赛的录像，要求学员注意下列几方面：

（一）怎样开场？

（二）怎样进入高潮？

（三）怎样处理叙事、说理、抒情的关系？

（四）表情、手势、身姿与演讲内容是怎样配合的？

二、实例分析

《左传》中记载了这样一个故事：

一天，齐景公对晏子说：“你住的地方靠近集市，低湿狭窄，喧闹而多尘土，请让我为你换一所清亮干燥的地方吧。”晏子推托说：“我的祖先住过这里。我不配继承先祖的德业，仍居于此，已为过分。况且，靠近集市购物方便，所以，就无需麻烦您了。”景公笑着说：“你靠近集市，知道物品的贵贱吗？”晏子答道：“已经从那里得到好处，岂能不知道？”景公问：“何贵？何贱?”当时，受刖（yuè）刑（即砍脚）的甚多。为了行走，他们只好借助踊（yǒng，假脚，或为受过刖刑的人特制的鞋子），惨苦之状，不堪言表。为此，晏子立即回答：“踊贵屦贱。”（屦，jù，用麻、葛编织成的鞋）齐景公听了这话，从此终于免除了刖刑。

《左传》在记载了这个事之后，赞曰：“仁人之言，其利博者；晏子一言，齐侯省刖。”

分析这段对话，晏子的话为什么能使齐景公免除刖刑？你认为最成功的方法是哪些？

三、模式实践

请分别按“魔术公式”、“精选结构模式”、“逆向思维模式”完成下面内容的即席演讲：

（一）最不能忘记的是家乡那方热土。

（二）我们别无选择，只能迎接全球一体化的挑战。

（三）偏见比无知离真理更远。

四、辩词实践

（一）高薪养廉。

（二）根除腐败，重在治本。

（三）逆境成才。

请你作为反方一辩，分别为上述辩题写出陈词。陈词的时间不得超过三分钟。

五、续话

光明与红艳的婚礼在大厅举行完毕，主持人领着新郎新娘从婚礼台走下来，正准备举杯给来宾敬酒，不料，突然停电，全场一片漆黑。正在这时，只听主持人朗声说："……"全场一片喧哗立即转为一阵欢笑。

要求：请根据这种情况，把婚礼主持人的话续说出来。现场是 3 分钟以后来电，所以这话至少要说 3 分钟。

第八章　评判技巧

演讲需要评判。这不仅仅是分出胜负，分出优劣，更重要的还在于对演讲价值的评定与鉴赏。演讲比赛和辩论赛，一般都要组成一个评判团或评判委员会，专门负责赛场评判，其他的演讲与论辩，虽然没有这样的专设机构，但这些演讲或论辩所产生的社会效果和艺术魅力却更为深远，其中那些特别卓越的演讲和辩论，常常超越时代，超越地域，超越自我，成为全人类共同的精神财富和艺术瑰宝。

评判是识别，是鉴赏，就如同面对一件件艺术品，需要作出客观的、科学的、全面的判定和品评。

评判同样具有很强的技巧性。

第一节　听与看

既听且看，这是评判演讲最基本的也是最重要的手段。

无论何种演讲都是由有声语言和无声语言（即态势语言）两部分构成。有声语言就是用声音传导的言辞，即一句一句说出来的话语，让人们听出演讲的内容与情感，这是演讲最主要的表达方式。无声语言是指演讲过程中演讲者所出现的面部表情、手势、身体的姿态，还包括服饰打扮、仪容等，这些是服从和加强内容与情感的表达，并且产生动态的视觉效果。一个演讲者，只求把演讲的内容基本表达出来，这并不是很难的，难的是使听众在认同内容和感受情感的同时，还能获得赏心悦目的艺术享受。因此，要评判演讲的优劣与高下，就必须既要听又要看。

一、听

要客观公正地评判演讲，评判者就必须认真地听，仔细地听，听清楚演讲者每一句话、每一个字的发音。这是最基本的要求，也是第一位的工作。

听清每一句话，才能全面把握演讲内容。评判演讲的高下，内容是根本。演讲内容主要是从以下几个方面来评判：

第一，观点必须正确。观点正确与否，主要是从两个方面来评判：一方面必须符合党和国家的方针政策、法律法规、道德规范；另一方面必须是科学的，符合客观规律，切合实际。

第二，必须切题。不管哪种形式的演讲，都有明确的目的、明确的主题。所谓切题，就是切合演讲目的、演讲主题的需要。不切题的演讲是没有意义的。因而在评判中，依据切题、比较切题、部分切题、不切题这样几种情况，在演讲内容方面分出高下。

第三，具有感染力和震撼力。有的演讲很生动，很感人，现场效果相当好，然而，也仅仅是使听众感动一时，听过之后并不思量，更无行动的意识。有的演讲，虽然慷慨激昂，言之凿凿，却无感人之处。优秀的演讲应该是有实有虚，虚实结合，既有生动感人的实例，又有精辟深刻的说理，具有感染力和震撼力。

第四，还要有真情实感。演讲具有很强的现实性的品格，是真真实实地表现自我，表现我的观点、我的主张、我的感悟，抒发我自个儿的情怀。任何一种虚情假意、虚张声势的演讲，都是拙劣的演讲。

听清每一个字的发音，这是对演讲者语音的把握。语音质量同样是评判演讲优劣的标准之一。评判语音一般要考虑以下几个方面：

第一，普通话标准。演讲都要求讲普通话。演讲者虽然一般都能做到这一点，但不是很标准，常常有的字词发音不准，夹杂着方言，南方的演讲者这种现象尤为普遍，一般都是 zh、ch、sh 与 z、c、s，j、q、x 打混，f 与 h，n 与 l 不分。

第二，声音清晰明亮，快慢适度。演讲者的声音太高、太低、太慢、太快、含混不清，都会影响演讲的效果。演讲者的声音除音质要具有美感之外，至少要让在场的每一个听众都能听清楚，更需要服从内容与情感的表达。

第三，话语流畅。演讲的话语要有如行云流水一般，不断茬，不吞吞吐吐，不“嗯嗯”、“啊啊”、“这个”、“那个”的。演讲中出现这些情况，要么是讲稿不熟练，要么是平日养成的不良的说话习惯，要么是思维跟不上。这些不良现象都十分容易被评判者听出来。

以上大体上是评判者在听演讲过程之中应该认真仔细把握的。

二、看

除了听之外，评判演讲还要全方位审视演讲者的全场表现。从演讲者的形体到每个手势，每个眼神，面部每个细微变化，都应该认真仔细地看清楚，而且还要把听到的与看到的融合起来，既看清，又看懂，这样，才能准确地作出评判。

评判者对演讲者大体从以下几方面审视：

第一，形体审视。演讲者一登台，给评判者的第一印象就是形体。构成演讲者的形体是容貌、服饰、打扮、站姿等。容貌是客观的，虽然会引起评判者的注意，但基本上不会影响对演讲的评判。服饰打扮应该得体、大方、端庄、整洁，应该与演讲的内容，与演讲者自身的身份、职业、年龄相称。太随意，给人轻率感；打扮过分，违背了演讲的现实性品格，极容易引起评判者和听众的反感。例如，在一次全省的演讲大赛中，一位三十大几的武警女战士上台演讲，身上穿的是大红大绿的连衣裙，抹的是浓妆，戴的是金项链、金耳环、金手镯，她一上台，不仅评判者看不顺眼，还立即引发了全场听众的唏嘘声。像这样的演讲者，不管讲得怎么动听，都会因为现场形成的不良心理定势而严重影响对演讲的评判。还有站姿，应该端庄，精神饱满，但又不可过于拘泥。

第二，动作审视。演讲者的动作主要是手势。优秀的演讲者总是要借助手势来加强话语的表现力，增强审美效果。评判中，评判者一般都会从手势的表现力、手势的个性、手势的美感等几个方面加以审视。在把定这个基本审视原则的基础上，有几类手势会特别引起评判的注意。一是，手势太多、太滥，尤其是那种叉开五指，动作幅度很大的手势，最容易给人眼花缭乱、张牙舞爪的感觉，即算有一定的表现力，但终究是不美的。二是双手僵直下垂，贴在大腿两侧，自始至终一个手势也没有，不仅白白失去了手势的表现力，整场演讲也显得太呆板。三是手势与演讲的内容不吻合，不对应。例如讲："在座的朋友们，我们大家——"这句话，本应该是两掌向上，两手由内向外向前摊开，可有的演讲者却是把手收回轻柔地抱在胸前，口里说的是"大家"，可手势表达的却是"我自己"。再如讲："让我们迎接未来，拥抱太阳!"本应该是在说"拥抱太阳"的同时做出一个双手向上托起的拥抱状的手势，可有的演讲者却是讲完之后，再补做这样一个手势。因为手势与说话脱节，显得十分别扭。四是表演性的手势。演讲是以讲为主，"演"是演示，不是表演，是辅助"讲"，加强"讲"的表现力。如果把演讲的内容通过手势表演出来，显然就不是演讲了。譬如讲："他来了，迎着朝阳，迈着坚定的步伐走过来了。"有的演讲者便踮起脚跟，手遮在眼睛前，身子前俯，做出一个翘首张望的动作。讲"孩子们翩翩起舞"，于是又模仿小朋友的舞姿，伸开双臂，轻盈地上下摆动等等，不管这些动作多么柔美，多么逼真，然而，越柔美，越逼真，就越不像演讲，甚至还会使人啼笑皆非。

第三，表情审美。演讲者的情感，可以从言辞声音中表达出来，也可以从身姿手势中表现出来，同时还直接外化为面部表情。所谓表情审视，主要是留心观察演讲者的面部表情。对于演讲者，面部表情要丰富，演讲者的心态、情绪，尤其是饱含在演讲内容中的情感，都必然要外化成各种面部表情，而且是有变化的。这一切都是可见的。在评判中，除了特别欣赏那些优秀的演讲者的丰富面部表情之外，还特别留心几种情况：一是毫无表情，从登台起一直到演讲结束，面部木然。造成这种现象主要是两方面，要么是讲稿不熟，全部心思都沉溺于记稿，抑制了情感，要么是对演讲的内容缺乏体验，进入不了角色，无法投入感情。这样的演讲，不管内容多么生动和深刻，都是缺乏感染力的。二是表情不真实。有的演讲者尽管不是满脸木然，而是满脸堆笑，却始终是一幅笑态。还有一些演讲者，面部表情较多，也有变化，然而却是该笑的没笑，不该笑的笑了，本该诙谐的地方，反而满脸严肃。这些表情都是不真实，不是发自内心的情感，是虚情假意的。听这样的演讲，特别不是滋味。三是表情失控。说到伤心处，泪流满脸，以致哽咽说不出话；讲到特别开心处，开怀大笑，前伏后仰；说到愤怒处，声嘶力竭，两眼圆睁，龇牙咧嘴等等。这些表达方式，虽然能把情感充分表达出来，而且也能获得较好的现场效果，但终究是过头了，还会影响整场演讲的协调美。

除了上述几方面的审视之外，评判者同时还审视演讲者的身姿体势，头部动作，眼角眉毛，口形变化等等，既有局部盯视，又有整体端详，既有欣赏，又有挑剔，不管如何，评判演讲，都要全方位、全过程审视。

第二节 品与评

评判演讲，不就是给演讲者、论辩双方评个分，分个优劣，判个胜负吗？这种看似很简单的工作，要真正给每个演讲者、每个辩手作出很客观、很公正、很准确的评判，还真不容易。评判是细致而复杂的，既要全身心地感受与接收，又要全面细致地鉴赏与评价。品，就是仔细品尝、品味，就是鉴赏；评，就是评价、评定、评判。没有鉴赏就不可能评价，只鉴赏不评价，就没有结果。在实际操作中，品与评，鉴赏与评价，相互交融，品中有评，评中有品，两者缺一不可。

一、品

品，是在直觉的基础上进入一种细细分辨与欣赏的领悟状态，其实就是一种艺术鉴赏。演讲是一种艺术，同样需要这种鉴赏。尤其是要对演讲作出评判，就必然要经过鉴赏。艺术鉴赏虽然免不了带有较大的主观因素，譬如个人的兴趣、爱好、习惯等都会对鉴赏产生一定的影响，但总得要有自己的一个判断、一种倾向，而这种判断与倾向也仅仅是作为最后评判的依据之一，并非全部。要鉴赏首先必须接收，即认真地听，仔细地看，全身心地投入，全方位地感受，形成鲜明的直觉，只有这样才能进入鉴赏。在评判的实际操作中，除了全面鉴别演讲内容之外，更多的是从内容与形式相结合的层面上进行鉴赏。

（一）语言鉴赏

演讲是语言的实际运用。这种语言虽然必须符合口语表达的规律，却又不同于自然口语，即日常生活中的用语，是在自然口语的基础上作了加工提炼。有诗歌语言的精练，却不及诗歌的韵味；有散文语言的疏放，却无需散文的绚丽；有小说语言的生动，却不像小说那样细腻描摹；有议论文语言的精辟，却又不是抽象的说理；有杂文语言的幽默，却又不用刻意追求，如此等等。演讲的语言是介于自然口语与艺术语言之间的一种语言形态，是口头语与书面语相结合的产物。从这一根本特质出发，评判者对演讲者的语言辞采，从意蕴、从美感诸方面进行鉴赏。

演讲的语言应该言简意赅，生动传神，既具有造型美，又具有音韵美。过于直白和平淡的语言，是没有表现力的，是乏味的，也是不吸引人的。一百四十年前，林肯在美国葛底斯堡的演说，之所以堪称世界演讲的最高典范，除了内容的精辟之外，同时还得力于多姿多彩的语言。让我们再次领略其中的几个核心句：

> 这块土地我们不能够奉献，不能够圣化，不能够神化……倒是我们这些还活着的人，应该在这里把自己奉献于勇士们已经如此崇高地向前推进但尚未完成的事业。

也许原版英文比起翻译的中文更具有丰采，但也够了。如果把这几句话的意思用一种直白而简单的方式说出来，效果又会是怎样呢？

> 不是我们把这块土地给烈士们做墓地，而是他们自己用生命换来的，具有重要意义……我们要继续完成他们的事业。

前者的辞采是何等丰繁与华丽，意蕴是何等丰富与深沉，而且还给人一种峰回路转、跌宕起伏的韵味感；后者却是那么直白浅显，生硬唐突，就像喝一杯白开水一般，索然寡味。同样一个内容，用不同的语言形式表达，效果截然不同。除了辞采、意蕴、美感之外，评判者同时还可从状物传神、语势、各种修辞手法的独到运用等方面去鉴赏演讲者的语言。

（二）技巧鉴赏

演讲是很需要技巧的。演讲之所以有别于其他方式的口语表达，就因为演讲具有很强的技巧性与技艺性，鉴赏技巧就成了评判演讲必不可少的一项重要内容。

演讲的技巧繁多，诸如发声技巧、态势技巧、控场技巧、结构技巧、语言技巧等等，然而，作为演讲现场的评判者，在言语流程的瞬间，怎么去鉴赏呢？

其一，用心体味。凡事都得用心，只要用心，总能找到门道，悟出道理的。评判演讲也同样如此。最好的办法，首先淡化评判的意识，把自己换位成一名忠实的听众，认真地听，仔细地看，用心地去感受，自然就可以发现演讲者的长处，总可以感觉出某些特别之处。其实这些长处、这些特别之处，就是技巧所在之处。只要抓住这种异样的感觉，再加以瞬间的琢磨，便是鉴赏，万一来不及琢磨，不妨简要地记录一笔或者做个记号，事后再回味也不迟。

其二，效果溯源。演讲者不管采用何种技巧，总能造成一种效果，使用技巧就是追求效果。顺着效果溯源的方法，这是鉴赏技巧行之有效的方法。例如下面的一段开场白：

> 5月18号，我由湖南乘了36个小时的火车来到了云南，5月18号到今天，我们都一直沐浴着云南这春城的绵绵细雨，今天终于露出了这阳光灿烂的一天。阳光来了，我也来了！

语音刚落就爆发了掌声。这掌声就是一种效果。为什么会有这种效果呢？这就值得琢磨。前面纯粹是过程的叙述，似乎并无特别之处，真正能引发掌声的是后面两句，“阳光来了，我也来了”。如果没有前面的叙述，单纯只讲后两句，会有这种效果吗？这样联系起来，就不难发现，前面叙述是为后面两句作反衬，或者是作渲染，这是一种反衬后的含蓄委婉的技巧，或者是一种由渲染到反接的幽默。

其三，正反比较。比较的方法，常常是发现问题、评价高下优劣的有效手段。评判演讲，实质就是一种比较，这个和那个比，这个和所有的人比，于是就分出了等第。鉴赏演讲技巧同样可以采用比较的方法。譬如控场，有的演讲者可以把全场热烈气氛调动起来，而且能持续到演讲结束，有的演讲者却台下冷清，听众神情涣散，甚至还交头接耳，全场喧嚣，还有的演讲者，仔细听他的演讲，事例生动感人，说理精当，整篇演讲都组织得很不错，可就是现场效果不佳，与此相反，有的演讲稿很一般，然而经演讲者一讲，效果反而比较好，甚至能获得热烈的掌声。这些情况在演讲中屡见不鲜。只要评判者善于比较，就不难发现其中的奥妙，鉴赏出其中的各种技巧。

其四，凭借见识。有见才有识，见多识广。见识源于积累，这种积累，既包括经验积累，还包括知识积累。前者是指经常参加各种演讲活动，见得多，看得多，也讲得多，自然懂得和熟悉各种技巧；后者是指演讲理论的学习与研究，日积月累，具有较深的演讲理论修养，同时也具有很强的技巧识别能力。因此，在评判场上，一看便知，一听就懂，鉴赏起来自然就得心应手了。其实，评判者要具备很强的鉴赏能力，最根本的还在于积累丰富的见识，提高自身演讲理论的修养。

二、评

评，就是评价与评定，是全部评判工作的结果。

听、看、品、评，它是一个连绵不断的过程。从直觉开始，进入感悟，最后综合，作出评价与评定，是一个由感性到理性的识别过程。几者虽然各有侧重，但又相互交融，在听与看的同时，品也在其中，品中就包含了评。只不过前面三者主观成分更大，评更客观。因此，在进入评价与评定时，首先必须转换主观视角，提升立足点，完全进入评判者的角色。接着而来的就是尽可能地把主观因素从个别的演讲或辩论中剥离出来，以全部演讲或辩论互为参照对象，最后才能作出评价与评定。这种评价与评定，虽然是在听完演讲或辩论之后的一瞬间完成的，但却是一个细致而复杂的过程。只有这样，才能保证评判的客观性、公正性和准确性。

评价与评定，同样是两个不同的环节。评价在先，评定在后。评价是在品（即鉴赏）的基础上，比照全部演讲或全部辩论，从内容到形式，从技巧到风格，从局部到整体，从演讲者或辩论者到现场效果的方方面面，对评判对象展开评析，作出优劣高下的整体把握。评定，又是在评价的基础上，依据评分标准，将评价中的整体把握细化为具体的分数值，即判分。判分准不准，虽然是取决评判者是否严格地执行评分标准，然而最根本的或许还是取决于评判者能否恰当评价。执行评分标准只是个操作问题，恰当的评价才更全面，更内在，更具说服力。

在实际操作中，还必须强调下列几点：

第一，坚持标准，把握尺度。

所有的评价都有一个统一的评分标准，标准的确定是依据演讲的目的与要求。因为目的要求不同，各项评分的比值也有所不同。譬如党政部门、机关单位、企业的演讲或辩论，更多的是注重宣传效果，突出的是内容，因而内容项的分值就比较高。学校和学术团体举办的演讲或辩论，比较侧重技能素质的普及与提高，所以技巧项和语言项的分值相应要求高一些。不管这种差异如何，评判者都必须严格执行评分标准。这是保证评判客观、公正的根本前提。这是评价的一把尺，用这把尺度量全部演讲或全部辩论，而且要一以贯之，谨防前紧后松，前松后紧，厚此薄彼，顾此失彼。

评分标准虽然不尽相同，但大体上是按照内容、语言、技巧、仪态（或风度）等几项制定的。演讲一般采用10分制，内容占4~5分，语言占3~4分，技巧占2~3分，仪态占1~2分。

辩论的评分标准较为复杂，这些年来，基本上是沿袭了1993年在新加坡举行的首届国际大专辩论会的评分标准。各项评分标准如下：

一、个人分数：

辩论技巧

［辩论员语言的流畅，分析、反驳和应变能力以及论点的说明力和逻辑性］ 40分

内容、资料

［论据内容是否充分，引述资料是否恰当］ 30分

风度及幽默感

［辩论员的表情动作是否恰当，是否具有风度及幽默感］

15分

自由辩论

［个人在自由辩论的表现］ 15分

四位辩论员总分 400分

二、整体合作

[全队论点结构的完整性，队员之间的默契和配合]　40分

总分　440分

1999年，在北京举行的“长虹杯”全国电视辩论大赛，只在上述评分标准的基础上增加了一项“观众发问”，“全队回答观众发问，要求机灵幽默，并机智地加强己方观点”，分值为40分，总分为480分。以后的各种辩论赛，因为形式有所变化，评分标准也略有不同。

第二，全面权衡，评出差别。

评判就是要评出差别，分出胜负，这是无可厚非的，关键是要准确，而准确的前提是全面权衡。可有的评判者却只强调某一点或某一方面的长处，评分过高，与此相反，抓住某点或某一方面不足，评分过低。虽然拉开了距离，却缺乏全面权衡，因此而谈不上准确。还有的评判者，评分十分接近，显不出差别。出现这种情况，要么不是行家里手，要么是不认真，要么是担心演讲者和听众怪罪。以上这两种情况都说明，提高评判者的品质修养和演讲专业修养，这是保证评判客观、公正、准确的根本。

第三，注意现场效果，不为听众情绪左右。

在评判现场，听众的情绪也常常影响评判者。譬如听众的掌声、喝彩声，听到特别趣味处，或者特别悲伤处，甚至还发出哄笑声，或者抽泣声。与此相反，有时也会因为对演讲者的表现或演讲内容不感兴趣甚至反感，全场发出乱哄哄的声响，或者吹口哨，鼓倒掌，严重的还会出现吼叫。遇到这两种截然相反的情况，评判要特别谨慎小心，认真分析，既要参照听众的反应，又不能为听众的情绪所左右，而是以此为契机，分析原因，冷静而全面评判。

第三节 点 评

点评，就是评判者对现场演讲或辩论的点拨与评论，是评判的最后一道工序。

点评的目的在于提升演讲或辩论的意义，分析优劣。这种点评，对充分发挥演讲或辩论的教育功能、审美功能，对提高语言表达能力、表达技巧，提高演讲或辩论的质量等，都是十分有价值的。

优秀的点评，本身就是一种极好的示范，备受参赛者和听众的青睐。

一、点评的类型

根据点评的内容与方式，点评大体有三种类型。

(一) 分析式点评

从内容到形式展开全面的分析，分析整场演讲或论辩双方的优劣，指出改进的途径。例如下面一段对“学雷锋，树新风”演讲赛的点评：

今天，我是真实地做了一回听众，而不是评判者。我是想我能从大家的演讲中获得一些什么。结果呢？有时，我的确被感动了，但过会却又无动于衷；有时，我又被言辞传导的激情感染了，似乎还有点冲动，可我又不知该仿效什么。我一边听，还一边在琢磨这两种现象，一直到我站在这里，我仍然还处在迷茫中。大概会是这样的吧，前一种情况，讲述的事迹很具体，甚至通篇就是讲述一个很感人的故事，但也仅仅是一种故事，没有或者很少有理性的升华，例如……后一种情况，慷

> 慨激昂，用上了很多时尚的豪言壮语。豪也罢，壮也罢，总得要有可感可触的人和事作依托吧！例如……想来想去，问题可能就出在演讲稿上。演讲稿与其他的文章体势应该有所不同。不同于记叙文，演讲稿有很生动的叙述和描写，却是为了说理和抒情；不同于议论文，演讲稿有很精辟的说理，但必须有人有事作依据。我认为演讲稿应该是事、理、情三者紧密糅合，也就是有实有虚，虚实结合……

从整场演讲中归纳出两个问题，然后一一作出分析，找出原因，最后指出正确的做法，既有针对性，又有指导性。

（二）感想式点评

这种方式虽然也会对整场演讲或论辩双方作出适当的点拨，但重点却是谈自己由现场所引发的感想、体会，譬如对演讲者的某个观点，或某种技巧、某种现象，谈出评判者的看法或意见。例如，某高校在学习邓小平理论的热潮中，举行了一次题为“小平同志永远和我们在一起”的演讲。虽然整篇演讲都洋溢着对邓小平无限怀念、无限敬仰、无限热爱之情，但同时又使人明显地感觉不实、不深，理论阐述与情感抒发缺乏坚实的依托。针对这种情况，点评者除了充分肯定演讲者们的热情之外，特别说了如下一番话：

> 我丝毫不怀疑同学们全面系统深入地学习了邓小平理论，但同时我又显然觉得应该更实、更深、更真实地表达自己的情感与观点。我一边听，一边在想，当代大学生该怎样设计自我，怎样发展自我呢？我们党，我们敬爱的邓小平同志，不是一贯提倡理论与实际相结合吗？要结合，就必须两者都具备，否则拿什么去结合？当然还有一个如何结合的问题，结合就是运用。我长期

和同学们相处，我注意到了，大家对专业学习很用功，但平日对政治理论，对哲学似乎却并不感兴趣。我敢断言，忽视政治理论和哲学的自我设计，是不全面的，更不是高层次的设计，虽然也可能有所发展，但终究是很难适应当代社会的。

既肯定了积极性，又指出了存在的问题，由问题谈出了自己的一番感想、一番见地，有的放矢，具有很强的启迪性。

（三）总结式点评

这种点评，主要是对整场演讲或辩论的内容、意义，演讲者和听众的现场表现，作出总体评价。如果是总决赛，还对初赛、复赛作回顾性的评价，既是点评，又是总结。

二、点评的技巧

点评是一种临场发挥，从这个意义上说，点评同样是一种即席演讲。虽然准备的时间十分短促，但是在演讲或论辩刚刚结束的点评，全场听众仍然还持续在才过去的演讲或论辩的冲动与愉悦中，因此，点评只能讲好，讲精当，讲得有趣味，否则便会给整场演讲或论辩造成狗尾续貂之感。

点评很讲究策略与技巧。

（一）一点突破

面对众多的演讲者或你来我往的辩论队员，还真不知道从何说起。有经验的点评者常常或者从评析演讲主题，或者从辩题入手，或者从某种特别的技巧技法入题，或者从语言开始，甚至还可以从场内听众的反应引出话题等等。某大学的学生与某监狱的服刑人员举行了一场题为“金钱是否万能”的辩论赛。学生队是正方，即金钱是万能的，辩论十分精彩。点评时，评判者是这样点评的：

今天的辩论实在是难为了我们的大学生，因为今天的辩题太不公平了，明显有利于反方，不利于正方。如果叫我来辩“金钱万能”，我怎么也构建不出逻辑框架，更找不出有力的证据，可他们却辩得很机智，辩得很有力度。反方并没有满足辩题带给他们的便利，他们用自己的惨痛教训，不仅捍卫了自己的立场，尤其难得的是用血淋淋的事实痛斥了“金钱万能”的荒谬……

因为是从评析辩题开始，话题很集中，而且因为是从辩论的内涵展开的，也很适合论辩双方的身份。

（二）逐一点评

这种方式是顺应演讲的次序或者论辩双方的逻辑过程一一扼要点评。例如，1993 年新加坡亚洲大专辩论赛的决赛，是“人性本恶”还是“人性本善”，对此复旦大学代表队与台湾大学代表队展开了唇枪舌剑的辩论。这场辩论是由杜维明教授点评的。他首先扼要回顾了前面几场比赛情况之后，便集中对这场赛事作了如下的点评：

正方一辩以高屋建瓴的方式引述康德、孟子和佛教，建立了性善为本，恶行为果的基本理论，脱俗不凡，条理清晰。我好像被说服了。但是，这个交通规则的比喻不甚恰当。反方一辩呢，有这个排山倒海之势，坚持“人性本善，其善者伪也”的观点，分辨自然属性和社会属性，简洁明了，很有震撼力，而且，用词精炼，有条不紊，我好像又被说服了。（笑语）正方二辩呢，承接一辩论述，又以西瓜种子为例，很贴切，认为欲望本身不是恶，也有理趣，使观点作了进一步的深入展开，还作了些实例补充。反方二辩呢，妙语连珠，既承接了一辩的观点并加以发挥，又猛攻正方的二辩的经验基础，并且旁征博引，荀子、犹太教、黑格尔，甚至

《天龙八部》(笑声)，使正方好像陷入了防御的态势。那么，正方三辩作了一个转折，很有新意，但是没有充分发挥。反方三辩大有异军突起之势，从新的思想角度展示了一些观点，比如“放下屠刀”，屠刀何来呀，也很恰当地引用了达尔文、弗洛伊德各方面的观点……自由辩论期间，双方短兵相接，此起彼落，好像双方都从金庸先生武侠小说中学到了出奇制胜的新招(笑声)。我们觉得双方似乎是势均力敌，用了先发制人哪，连续发问哪，分而治之，乃至巧设陷阱，声东击西等各种策略。那么，反方四辩文字流畅，好像行云流水。在结论这方面可以说是缝隙不留，圆而不滑。正方四辩呢？很有理据，特别是举出原始人的凶残是为了求生欲望，也很有说服力。但是，我提到了情绪有点激动。

那么，一般说来，反方颇能显示一种流动的整体意识，整个队伍运用一种整体配合的作战方略，加强了整体的攻击力，保证了辩论队伍的气势，显得中心课题比较明确，而且，错落有致。

这样点评，既按先后顺序，又按逻辑过程，评得十分清晰，各自的优势、长处、优点和短处、缺点、不足，评得十分分明，很切合双方的实际，不愧为点评高手。

(三) 分条陈述

这种评法，是综合全场的共同的优点或缺点，一条一条点评。例如邵守义教授在对第二届中国名校大学生辩论邀请赛初赛“中国足球走向世界关键在于商业化”的点评：

首先，双方的立论，其观点是鲜明的，都毫无隐晦地阐述了自己的观点……

其次，反应迅速，口齿伶俐……

第三，双方辩论唇枪舌剑，兵来将挡，水来土掩，各不相让，反映了他们辩论的高超技巧……

遗憾的是往往蜻蜓点水，如同水上芦花，都一带而过。双方都不能把整个的论题和自己所阐述的观点深深说透……

这种评法，条理很清楚，而且很方便操作。

以上，是几种很管用的点评技法，各有千秋。使用时，既要根据现场的实际情况，又要根据点评者自身的功底与习惯，灵活运用。

三、点评的策略

点评，一般是在宣布结果之前进行，参赛者和听众都正处在急切的期待中，处在这种氛围中，点评者就更要注意策略了。

一是不偏不倚，褒贬适度。谁胜谁负，点评者早已了然于心，因此而最容易过高过多地肯定胜者，贬低负者，这是点评中最不策略，也是最忌讳的。对胜负双方应该是不偏不倚，肯定或否定，优点与缺点，要基本对等。杜维明教授点评“首届国际大专辩论会”的决赛时，在谈到正反双方的逻辑建构时，说正方：“我好像已经被说服了。”说反方：“我好像又被说服了。”究竟谁更有说服力呢？这正是他的一个策略，不显山，不露水，迫使听众继续听下去。点评中，可以有某种倾向，但不可太张扬。这既是充分利用听众期待心理，顺利展开点评的需要，同时又能满足听众心理需求。

二是点到为止，简洁明了。演讲或辩论才刚刚过去，参赛者声音笑貌还历历在目，因此点评者用不着过多地复述内容和情景，只需点到即可。尤其是点评缺点，还要适可而止，过细过多，过于尖锐，最容易伤害被批评者的自尊心，还可能引起听众的反感。除此之外，不过多地展开，不繁琐，也是一种现场的需要。演讲或辩论已经结束了，只等结果，谁还会有心思听那种琐碎啰嗦的点评呢。

三是要风趣。点评的语言干巴，势必乏味。这不仅与前面的演讲或辩论不协调，也与点评者的身份不相称，听众更是难接受。优秀的点评者常常是妙趣横生，妙语连珠，场内笑声不断。我们看看江平教授在为“’94长虹杯电视辩论大赛”决赛点评中的几段话。

开头：

这场压轴戏可以说是一场南北大战了，是南北两家的大战，南北两个帝都的大战。也可以说，北京大学和南京大学都代表了这两个古老的帝都的最高文化的学府。应该说，这场辩论从气势来说是宏大的，大概体现了两个帝者的帝王之气吧！（笑声，掌声）

在批评用词过于华丽的缺点时，他说：

还有一些用比较多的华丽词藻来说明自己的观点（热烈掌声），而不是以充分的事实来辩倒对方，这一点可能有些论方显得美中不足一点，是不是论帝王的这种气息里面有的时候还有华丽的词藻过多的地方。（笑声，掌声）

最后：

今天，我们不能够要求我们所有的大学生都成为哲人，但是，我们完全有理由要求我们今天的大学生更多一点哲人的气质。（长时间热烈鼓掌）

（摘自《舌战京城》，华龄出版社 1994 年 11 月版）

几分钟的点评，就获得了8次掌声，可见语言的吸引力。

技巧实践

实例点评一。

阅读下面这篇演讲稿，采用分条陈述的手法，至少要作三方面的点评。点评的时间不得超过3分钟，也不得少于2分钟。

红土之子

在云岭大地上，有一条河流经过红河州河口县流向越南，这条河在越南境内被称为湄公河，而在我国境内则被称为红河。我要讲述的就是流传在红河两岸的一个真实的故事。

1995年8月17日，是历史长河中的普通的一天，可对于红河人民来说，却是一个悲切的日子。这一天，山洪暴发，人民群众被自然的恶魔逼到了绝境。这一天，惊雷四起，两名武警战士用年轻的生命谱写了一曲悲壮的军歌。

当天，河口县由于连降暴雨导致特大泥石流和山洪暴发，河口的交通、通讯、水电全部中断，县城街道积水达1.5米，最深处有2米多。一时，滨河路告急！环城路告急！冷水新区告急！整座县城告急！灾情就是命令，面对如此严重的自然灾害，驻守河口的武警中队主动请战，在确保看守目标万无一失的情况下，抽出14名精兵强将，组成抗洪抢险突击队，紧急投入抗洪战斗，而我故事的主人公李永兵、何跃波就是其中的两位。

武警战士的神圣职责与高度的责任感，使他们无畏地与洪魔展开了殊死较量，他们在短短几个小时之内就救出被困群众48人，转移了彩电、冰箱等贵重的物品，正当何跃波和李永兵要冲到百货公司家属区救一位被困的老大娘时，突然一根被洪水猛冲过来的大木头，撞在来不及躲闪的李永兵后脑勺上，李永兵一阵眩晕，被洪水冲出了十几米，等他稳住身体后，顾不得处理流血的伤口，与何跃波肩并肩手挽手地将老大娘转移到了安全地带。一个个被困群众安全转移了，而李永兵脸色却越来越苍白。何跃波心疼地劝道："班长，我给你包一下，你回去休息吧。"可李永兵摇摇头拒绝了，他与何跃波一起同司务长罗满生在洪水中相互支撑着，边救助被困群众边寻找下水道口。8点10分当他们三人来到河口镇政府面对居民楼时，发现前面一个黑乎乎的东西斜插在水中，而周围不时出现几个漩涡，经验丰富的司务长判断这儿肯定有下水道。三人快速游向异物，周围居民楼顶上的群众大喊："武警同志，那是暗河下水道，危险！别去！"可当时街道积水已达1.6米，情况十分危急，三人来不及多想仍游了过去，一看，原来一口漆黑的棺材堵住了下水道，如果不赶紧把它移开，洪水就无法排走。按当地民间说法，看到棺材是不吉利的！可他们顾不了那么多，伸手开始移动棺木，拉几次，棺材却稳若磐石。何跃波一个猛子扎入水中一摸，才知道是棺木的尾部死死卡在下水道口里，他们合力抱住棺木，使劲地左右摇摆，可棺木却像长了根一样纹丝不动。在束手无策的绝境中，罗满生发现了被洪水冲来的一根木头，于是他们用木头插入水中撬了起来，经过一阵努力，棺木开始松动了，他们憋上一股子劲，找准着力点移动棺木，罗满生用力拉，何跃波使劲推，一步、二步、三步……棺木终于拉开了，霎时，洪水狂泻而下，水面卷起一个巨大的漩涡，何跃波来不及后退就被卷入了暗河。司务长大喊："何跃波！"受了伤的李永兵闻声拖着疲惫的身体游了过去，他艰难地拽住了司务长的手，在强大吸力下经过5分钟的拼搏，终于将司务长救出了险境地。这时，李永兵的脸色更苍白了，可他仍在寻找战友何跃波，就在他刚刚回头搜寻时，身体在强大的漩涡力下失去了平衡，瞬间李永兵也被卷入了暗河。"李永兵！何跃波！"

面对被无情的洪魔卷走的战士，司务长、战士们还有楼顶上的群众撕心裂肺的呼唤，在山谷中久久回荡，空气一瞬间凝固了，一串串泪水淌入洪流。积蓄的洪水在下水道疏通后奔流而去，不再回头，我们的勇士再不能回来了。洪水退去，红彤彤的太阳冉冉升起，正像勇士头上警徽映射灿烂的光芒。河口人民自发地扎上竹排，在滚滚红河中寻找两位勇士的遗体。5天过去了，10天过去了，烈士的遗体仍不见踪影，直到半年后才在越南境内发现了李永兵的遗体，但由于尸体高度腐烂无法运回，我们的勇士只有长眠于异国他乡，而战士何跃波的遗体至今也未找到。何跃波、李永兵早早地走完了自己的人生旅程，但英雄的英名却长存寰宇，深深铭刻在红河人民心中，两位平凡的战士，成为了红河人民永远值得骄傲的儿子。

在中央电视台刚刚播完的《女子特警队》中有这样一句话令我记忆深刻："生，为祖国而生。死，为祖国而死。"或许这就是对军人价值的最好的诠释。云岭哨兵正是以这样一种精神和热情、鲜血，乃至生命去捍卫红土高原而无私奉献着。

岁月抹不去武警官兵的真情付出，历史将永远记住云岭哨兵的赤胆忠诚，红土之子的忠诚将永远在云岭大地上传颂，将永远留在军歌的旋律和历史的篇章中。

实例点评二。

阅读下面这段辩词实录，采用逐一点评的技巧，对整场辩论作3~5分钟点评，并分出胜负。

辩题：法治能消除腐败

正方：北京大学代表队

反方：中山大学代表队

时间：1994年8月23日

正方一辩：谢谢主席，大家好！（掌声）我方认为法治能够消除腐败。所谓腐败，就是指公职人员滥用公共权力，谋取个人或小集团的私利，损害公共利益这一社会性的问题。消除腐败是整个人类的千年梦想，但是从柏拉图哲学王的人治理想到儒家道之以德、齐之以理的德治方针，从中世纪萨福那罗企图以个人道德和个人信仰来惩治腐败的失败，到古代中国包青天、海青天回天乏术的叹息，人类社会在德治与人治的误区中留下了多少千古恨、英雄泪。正是近代法治思想的提出，才给人类在黑暗中射入了光明。今天所说的法治就是指民主制度下以法为主的综合治国。它以法律为主要手段，以法律为最高权威，以法的精神为基本原则，综合运用法律、规章、习惯、道德等各种手段，来管理社会、治理国家。法治的本质特征有以下三点：第一，法治要求以法为主，即树立起法的最高权威。是什么力量使帝王般的美国总统尼克松不得不尴尬地下台？又是什么力量使显赫一时的铁道部副部长罗云光也锒铛入狱？法治就是对权力的限制，政府守法是法治的第一要义。杰克逊的名言激励我们不断地从人治走向法治，从清官政治走向法的权威。第二，法治要求以法为主，即把社会生活的主要方面和各种基本关系纳入法律化、制度化的轨道，尤其在当前的经济领域，更要加强法治，早日把我国的市场经济建成法治经济，才能有效地排除行政权力对市场的过分干预，从根本上消除产生徇私行为的制度根源。（铃声）第三，法治要求法的精神深入人心。当瑞士的那位交通警长因为自己超速行驶，就给自己开出了一张罚款单的时候，我们才能深刻地理解，法治不仅要有良好的法律制度，更要造就出普遍遵守这一法律制度的官员和公民。以法为主，法治至上，深入人心，这是法治的本质特征，也是消除腐败的根本保证。而社会领域的消除，不能简单地理解为绝对为零，而是一个越来越少，趋向于零的过程，直到腐败作为一个普遍性的社会问题已不存在，个别现象即使偶有发生也能及时发现及时处理。两百年前，在腐败肆虐的大不列颠，艾克顿勋爵愤怒地喊出了“绝对的权力导致绝对的腐败”。但是也正是从那里，第一次发源了近代的分权与法治思想，1992年，英国56万公务员中竟未发现一起贪污案件，这是法治的奇迹，它向全世界证明了消除腐败的斗争中，法治引导人民。（铃声）谢谢！（长时间热烈掌声）

主　　席：谢谢朋友们，他的时间控制得分秒不差。下面有请反方第一位同学发言。请！

反方一辩：谢谢主席，大家好！（掌声）今天在这个庄严的大厅里，我们所探讨的法治能否消除腐败的问题，是一个关系到国家生死存亡的大问题。因此，我们更应当冷静、理智、深刻、现实。我们必须看到，法治只能遏制腐败，而不能消除腐败。正所谓无法不足以治天下，而天下非法所能治也！（掌声）我方认为，所谓法治就是依法治理，所谓腐败是指国家机关包括执政党的公职人员利用公共权力谋取私利的违法、违纪、违反社会道德的行为。腐败的本质特征是公共权力的非公共运作，而所谓消除就是消灭、消除，使之不存在。我们注意到对方在概念上和我们发生了分歧。对方认为法治是民主政治下以法律为核心的综合治理。我感到很奇怪，这到底是依法治理消除腐败，还是法治社会消除腐败呢？法治社会能够消除瘟疫，能说法治能消灭瘟疫吗？对方又说，消除不能理解为绝对为零，而是作为一种现象不存在，零星个别腐败存在也叫作消除，那我感到很奇怪了，假如我们北京大学的校长在此宣告：我们北京大学已经消除了考试作弊的这种丑恶现象，只是还有个别同学在实在不会的情况下才偶尔地互相抄一下，难道这叫消除吗？（长时间掌声）谢谢！我方认为法治不能消除腐败理由有三。第一，法治的内在局限性是法治不能消除腐败；第二，法治基础的不稳固性使法治不能消除腐败；第三，腐败自身的特性以及产生的根源和条件也决定了法治不能消除腐败。下面我着重从法治的内在局限性阐述我方立场。首先法治的首要环节是立法（铃声），立法依据人对社会实践的理性认识，而人对社会的认识总是有限的，这就决定了立法必有疏漏，请问必有疏漏的立法如何能消除复杂多变的腐败呢？其次，法治的基本环节是执法，执法的公正与严谨不仅取决于执法者价值观念和判断的一致，更取决于执法者的素质。在国外执法者犯法的丑闻时有披露，而在国内每年也有公检法队伍中的一些人执法犯法、贪赃枉法，败坏我国执法者的形象。执法的不确定性怎么能够消除腐败呢？最后，法治的基本前提是法律，法律作为社会控制的基本手段，必然具有稳定性和普遍性，这就使法律不可能对社会的具体现象包容无遗，更不可能朝令夕改，这就使法律具有僵硬性，从而造成了腐败的灰色地带，使腐败在法与非法、罪与非罪、谴责与赞许、容忍与惩治的边缘，逃避惩治、滋生蔓延、长期存在（铃声）。综上所述，法治不能消除腐败！谢谢！（长时间热烈掌声）

主　　席：一开场，双方已经来了个势均力敌的回合。下面我们有请正方第二位同学发言。请！

正方二辩： 谢谢主席，大家好！首先我要告诉对方同学，北京大学已基本消除了作弊现象，并且要继续消除。在此我想请问对方同学，你们是不是认为法治就是单靠法律制度呢？任何一种治都是综合治理，所谓德治也不是只靠道德不要法律啊！所以还是法学前辈张友渔先生说得好，以法为主还是以德为主，这才是法治和德治的根本区别。对方同学还没有谈及腐败滋生的原因，让我来告诉你，归结起来只有两条：外因在于制度不完善，内因在于个人欲望的无节制的扩张，因此消除腐败滋生的外因，必须从制度入手，通过健全制度、监督权力，来防止权力滥用，消除腐败。首先，法治要求社会公共权力的运行有法律制约，有制度规范，保证以法律支配权力。韩国也曾积重难返，但韩国厉行法治，从金融实明制度到公务员道德法典，从惩诫委员会到监督协议会，相辅相成，金泳三政府不就迅速取信于民了吗？在德国，联邦官员法、定期检查制度、定期轮换制度，一系列配套措施交相呼应，防患未然，未雨绸缪。今天的中国，市场经济、社会生活的非规范化、非制度化，发生了多少不该发生的故事。证券交易法的姗姗来迟，带来了深圳发售新股的风波；新闻法的相见时难，不仅使舆论监督无所适从，更使一些无冕之王大兴有偿新闻。孟德斯鸠说得好，要防止滥用权力，必须以权力约束权力。现代法治就是要以法律支配权力。其次从更深层意义上讲（铃声），法治要求以监督来保证权力的正常运行。行政监督为打官司的秋菊讨到了一个说法，法律监督使铁蝴蝶伊梅尔达重上法庭，舆论监督置美国总统克林顿于白水事件的尴尬境地，而群众监督则让煤老虎徐中和的真面目昭然于天下。正是人民监督织就了一张战胜腐败的天罗地网！有谁说法治的脚步追不上腐败的翅膀？有谁说有阳光的地方就有阴影？我们相信，当法治的正义之箭刺破黑暗与阴霾，腐败终将无处藏身。谢谢。(长时间热烈掌声)

主　　席： 好，再一次感谢观众朋友们的热情鼓励。接下来由反方第二位同学发言，有请！

反方二辩： 谢谢主席，各位好！刚才对方辩友大谈法国和德国，那么我们可就不明白了，从法国到德国，乃至中国，有哪个国家消除了腐败呢？我方认为法治只能遏制腐败，而不能消除腐败。这不仅在于法治具有内在局限性，而且还在于法治基础的不稳固性。第一，作为法治的政治基础，民主政治本身难免受到腐败的威胁。民主既与专制对立而反对个人独裁，又与大民主对立而反对无政府，它所依凭的是公众与代言人之间的信诺，而公众代言人并非铁板一块，腐败乘虚而入，早不鲜见。在日本利库路德公司案中，上千名议员接受了该公司的贿赂，为该公司通过了数以千计的法律、法规，这充分说明了民主政治内部出现的腐败毒瘤，直接动摇了它作为法治政治基础的稳固性。第二，作为法治的社会道德基础，执法者和一般公民的正义感、责任感和法制意识，在一定条件下会发生扭曲与裂变。一方面执法犯法、顶风作案者有之。我国原铁道部副部长张新泰在以工作组组长身份，查处原铁道部副部长罗云光的受贿案时，非但没有秉公执法，反而大受其贿，同流合污，使自己也沦为腐败分子。另一方面由于公民参与和管理社会的渠道不畅，鲁迅先生半个多世纪以前所说的看客心理在一般公众中依然存在。对于腐败，有的人从拍案而起到怒而不言，有的人从义愤填膺到无可奈何，有的人从嬉笑怒骂到冷眼旁观。(铃声)执法者和一般公民在法律、正义与责任意识方面的不稳固性又动摇了它的社会道德基础。第三,作为法治的物质基础,财力、物力的匮乏与短缺,直接阻碍了法治的有效运行。在我国,由于资金短缺已经使执法部门在查处腐败现象时囊中羞涩,举步维艰,心有余而力不足啊。鉴于上述对法治基础的分析,我方认为法治只能遏制腐败。诚然,作为几百万有着强烈责任感的中国大学生中的一员,我们衷心地希望腐败能够早日被消除。但是,我们更清醒地认识到要求法治去消除腐败岂不等于要求法治挟泰山以超北海吗?非不为也,是不能也。谢谢各位。(长时间掌声)

主　　席: 谢谢,下面有请正方第三位同学发言。请!

正方三辩: 谢谢主席,各位评委,大家好!首先必须提醒对方同学两点:第一,我们今天讨论的辩题当中的法治是三点水的治。对方同学可不要只抓住法律制度的一点而丢了两点哪。第二,对方同学认为法治的基础不论从政治社会道德和物质方面都不完善,那么我们中国还要不要建设法治社会呢?我方同学已经从制度建设的角度阐述了消除腐败的外部手段,下面我将着重论述法治是如何从内因入手来消除腐败的。腐败滋长蔓延的内因在于部分人私欲的恶性膨胀而不能有效的遏制。但是,人的本质是一定的社会关系的总和,在人类社会中,欲望绝非不可制约的。那么,法治如何起作用呢?惩其已犯,防其未然,使法律至上,法的权威高于一切,法律面前人人平等的法治精神深入人心。首先,腐败总是依仗着形形色色、大大小小的特权横行无忌的,而法治精神的第一要义就是破除特权,树立法大于权的信条。气焰嚣张的徐中和、骄横一时的禹作敏、贪婪无度的曾丽华被恢恢法网一网打尽，充分地证明了在法治面前，绝无半点特权和侥幸可言。建立起公正、严明的法律秩序，可以有效地震慑那些蠢蠢欲动者，使其收敛贪欲，不敢以身试法。同样，也可以使广大人民群众更加相信法的权威。其次，必须用法治手段来规范和疏导人们的利益和行为。我记得马基亚维里说过："人们良好的习惯要靠法律来支持。"在新加坡，公职人员之所以兢兢业业，高效清廉，就是因为高薪养廉制度和严格的法律约束相辅相成，相得益彰。从切身利益出发，人们宁愿廉洁守法。（铃声）如果遵纪守法不意味着合法利益的满足，而违法乱纪就意味着自由乃至生命的丧失，那么，当人们面对正义与贪欲，公利与私利的时候，就一定会在法治精神的指引下，作出明智的选择。同时，法制宣传、道德教育等手段也是法治的应有之义，人们不仅仅追求利益和金钱，同样也需要秩序与安全。法治不仅仅是外在的强制和约束，也同样要求唤起人们内心的良知和尊严。把培养道德情操、思想观念、公民意识同创造良好的法制环境相结合，使我们的公民，尤其是党员、干部崇尚法的精神，从知法、畏法，进而到守法、护法，我想请问对方同学，到那个时候，中华泱泱大国又哪里有腐败的容身之地呢？内外结合，标本兼治，抑恶扬善（铃声），我们充分地相信法治必胜，腐败必除！谢谢。（长时间热烈掌声）！

主　　席： 时间已经到了。谢谢！接下来有请反方第三位同学发言。请。

反方三辩： 各位好！对方辩友刚才说，只要能够惩治一些腐败，当然还会有一些漏网之鱼，这就叫消除腐败了。那么，这很奇怪，这不正是说明这是遏制了腐败而不是消除腐败吗？（掌声）对方又说，作为一种社会现象，只要它不再危害这个社会，那么这就说明我们消除了腐败。那又奇怪了。我请问对方，多少人腐化，算做是一种社会现象？多少人不腐化又不算做是社会现象？一个人头顶上还剩几根头发算是秃子？两根？一根？还是没有啊？（长时间热烈掌声）所以说，法治的内在局限性和法治基础的不稳固性已经决定了法治只可能遏制腐败而无法消除腐败。下面，我就将从腐败的特性和根源入手来证明我方的观点。首先从特性上看，第一，腐败具有复杂多样性。钱权交易，徇私舞弊，道德沦丧，官僚主义，违法违纪，违反社会道德的腐败林林总总，不一而足。第二，腐败具有传染扩散性，金钱诱惑使得那些意志薄弱的人，从站着看到跟着干，致使腐败不断地蔓延。第三，腐败具有顽固性。只要土壤和条件仍然存在，腐败就必然产生并且蔓延。那些曾经被惩治的腐败，也会在新的气候下，变换着形式重新滋生。第四，腐败具有隐蔽性。幕后活动是腐败的主要行为方式，而欺骗、伪装又是腐败惯用的伎俩。正是腐败的这些特性，它正是产生腐败黑水造成反腐败出现死角的一个重要原因。西方的司法部长们不禁因此而叹息，能够被揭露的腐败只不过是冰山之一角。揭露与惩治尚且如此，又遑论消除呢？其次，腐败有其深刻的根源。人贪欲的恶性膨胀，权力对人的诱惑和迷惑（铃声），社会利益、差异以及社会需求的短缺，还有特定的时期体制转换都在不同程度地滋生着腐败。特别是公共权力与私欲膨胀相结合就必然产生腐败。孟德斯鸠说得好：“一切有权力的人都容易滥用权力。”这是一条万古不易的经验，阿克顿说得更为直接：“权力导致腐败，绝对的权力导致绝对的腐败。”而法治对腐败产生的决定性基础权力的制约，却是有限的。权力制约的有限性也一直是权力之衡所无法逾越的难题。而且，法制根本无法阻止公共权力与私欲的秘密联姻。权力拥有者的占有欲和他的优越感的媾合已经日益形成了一种难以消除的权力病。“不谓浮云遮望眼，只缘身在最高层。”我方以为要消除腐败，必须标本兼治，既要消除腐败的现象，又要消除腐败的根源。（铃声）但是，由于法治自身的局限，决定了法治无法消除腐败。（主席：时间到）谢谢大家。（长时间热烈掌声）

主　席：感谢观众朋友们。经过第一阶段三个回合的步步为营、稳扎稳打，双方好像还是难分高下。接下来呢，我们将转入激战状态——自由辩论。各队的发言时间，分别累计为6分钟。首先有请正方发言，开始。

正　方：对方同学一开始就自相矛盾。一辩刚说了，只能遏制，不能消除；三辩同学怎么又说了，要消除腐败就要标本兼治。请问究竟能不能消除啊？

反　方：法治不能消除腐败。请对方告诉我法治到底是法治社会呢，还是以法治理？

正　方：我倒想请问对方同学，你们所理解的法治是不是就是法律制度？

反　方：我们理解的法治是依法治理，而对方同学提出的以法为主，其他手段为辅，请问这还是严格意义上的法治吗？

正　方：对方同学又在犯一个望文生义的错误了。难道足球就只能用脚来踢吗？那罗马里奥的头球，岂不是要被判无效了？（掌声）

反　方：但是法治离不开法律，请对方告诉我，到底何为法治？

正　方：所以，法治要以法为主，辅助各种手段，请问哪一种治不是各种综合手段的运用呢？

反　方：请问对方提倡共产主义理想，提倡全心全意为人民服务，这个精神是反腐败的一个重要的手段，请问，这难道也是法治的范畴吗？

正　方：让我来告诉对方同学，你们犯了一个常识性的错误。宪法第24条这样告诉我们：在全体人民中，进行爱国主义、共产主义道德教育啊！（掌声）

反　方：受到法制保障的手段，难道就是法治的范畴吗？法制保障我们每天有吃早餐的权利，难道我们吃早餐也属于是法治的范畴了吗？（掌声）

正　方：我还是想请问对方同学，哪一种治不是综合手段运用呢？德治难道只靠德吗？人治只靠人吗？

反　方：对方恰恰说明单单靠依法治理不能消除腐败，任何消除腐败都要综合治理呀。（掌声）

正　方：综合治理，正是我方所说的以法为主，多种手段的并用嘛，谢谢对方同学。

反　方：我党提出：消除腐败，要靠加强党风廉政建设，遏制拜金主义、极端个人主义和私欲主义的膨胀，请问这也算法治吗？

正　方：我们的法治就是从来也不排斥精神文明的建设。我倒想请问对方同学，法治就是单靠法律制度吗？

反　方：它虽然不排斥精神文明的建设，但精神文明绝非法治。对方同学今天论证的是以法治理，消除腐败，而不是其他非法治的范畴来消除腐败啊！（掌声）

正　方：对方同学继续在犯望文生义的错误，如果我说请这4位同学吃饭，难道就只是吃米饭吗？显然还要包括菜肴

和酒水嘛！（掌声）

反　　方：请对方不要再在定义上纠缠了。我想请问对方，依法治理这个法律，它出现的立法中的疏漏、执法中的偏差以及法律条文的置后性，和法治所导致的灰色定案，请问这些又如何解决呢？

正　　方：对方同学大概忘了一句话：法网恢恢，疏而不漏啊！

反　　方：恰恰是法网恢恢，疏而有漏，千层网过鱼，网网有漏鱼啊！（长时间热烈掌声）

正　　方：这不正是法治不完善的表现吗？难道有了法律制度，而且还有漏网之鱼，能叫法治完善吗？请你回答我。

反　　方：请对方辩友告诉我，再完善的法治能解决自身的局限性吗？铁拐李能治好自己的拐脚吗？（掌声）

正　　方：对方同学从来就没有搞清楚过法治的定义，我想请问你：亚里士多德关于法治的两条标准是怎么说的？

反　　方：还是让我们回到中国的现实中来吧。对方认为完善的法律就是能够消除腐败的法律，不能消除腐败的法律就是不完善的法律，这叫什么呢？这叫文字论证、循环论证嘛！

正　　方：对方同学从来没有很好地理解过法治，亚里士多德说了，光有良好的法律不叫法治，还应有普通守法才叫法治啊！（掌声）

反　　方：对方同学大概不知道吧，亚里士多德也说过，法律始终是一种一般性的陈述，可是也存在着一般性的陈述所不能概括的情形啊！

正　　方：对方同学第二次把法治等同于法律了，请你们不要望文生义啊。

反　　方：请对方还是不要在定义上不停地纠缠了。现在的问题是立法当中出现的缺漏，而执法当中出现的这个偏差，请问这一点你们又如何解释呢？

正　　方：法律就只有置后性吗？我想请问对方同学，法律就没有前端性吗？对方同学可不能只知其一不知其二啊。（掌声）

反　　方：我们看到了法律的预测性，但是我们更看到人认识的有限性。人对现实社会的认识是有限的，对未来预测更是有限的，如何消除立法的疏漏呢？

正　　方：对方同学还是始终回避我方的问题，难道法治就只是单靠法律吗？

反　　方：法律确实有一定的预测功能，但是腐败分子连惩治他都尚且不顾，他把你的预测放在何处呢？（掌声）

正　　方：对方同学再次犯一个常识性的错误，法治就只有惩治的功能吗？法治就没有预防、教育的功能吗？

反　　方：法治的前提是法律，不谈法律何以谈法治！怪不得对方谈来谈去总是谈不到点子上。（掌声）

正　　方：可是，谢谢对方同学，法律只是法制的前提，而你们今天恰恰只是抓住了前提的有限性，就说是法治的有限性，这不是望文生义又是什么呢？

反　　方：刚才望文生义的正是对方同学，法制教育就等于教育吗？对人教育就是法制教育吗？（掌声）

正　　方：还是要请问对方同学，难道法治就只有法制教育吗？法治难道就不要辅以道德手段吗？

反　　方：对呀！当然法治要辅以道德手段，所以法治不能消除腐败嘛！

正　　方：法治加上道德教育等辅助手段，才正是我方说的法治啊！请问对方同学，宪法里面没有规定要对你进行普法教育吗？

反　　方：我来请问对方同学，用共产主义道德来教育共产党员不要腐败，这到底算不算法治啊！

正　方：这正是我们法制教育的重要内容。（掌声）

反　方：按对方同学的观点是，共产主义道德、共产主义理想都是法治啊！（掌声）

正　方：我们一再说了，共产主义道德、共产主义理想的建设都要纳入法制化的轨道嘛。

反　方：难道法律规定的教育就是法制的教育吗？北大有法律系，我问你法律系是法院还是检察院呢？（掌声）

正　方：对方同学一直把法律和法治，把法律和道德割裂开来，请问你知不知道最近颁布的公司法第14条是如何规定的呢？

反　方：不管法律如何规定，它永远是一种惩治，而不是消除啊，对方同学。（掌声）

正　方：对方同学又把法律等同成惩治了，而难道法律只有惩治功能，请对方同学正面回答，有没有预防功能、教育功能、指导功能？

反　方：可是我们确实看到，事实证明法律的防范功能是防而不止啊！

正　方：好，还是让我们来看看事实吧。综观世界，哪一个在反腐败斗争中遥遥领先的国家不是一个法治国家呢？

反　方：又有哪个国家消除了腐败呢！（掌声）

正　方：新加坡不就已经（掌声打断），新加坡的7万公务员中只发现了7名犯罪，这不就是基本消除腐败了吗？而且新加坡人民正在依靠法制继续消除腐败啊！

反　方：对方又提出了基本消除腐败，这不就跟北大基本消除了作弊，到底是一个没有呢，还是零星有几个呢？（掌声）

正　方：对方同学难道真是天真地认为，消除就是绝对为零吗？

反　　方：所谓消除就是使不存在，对方，什么叫使不存在啊？

正　　方：我想请问对方同学，法律上有一条叫消除影响，请问你怎么解释这一条？

反　　方：消除影响是对方的理解，我们今天讨论的是以法治理能否消除腐败啊！

正　　方：让我来告诉对方同学，所谓消除影响就是采取赔礼等措施，尽量减少影响，但也不是什么都不存在，所以消除不能作绝对的零的理解（掌声）。

反　　方：减少能够叫消除吗？对方同学显然在这个定义上自己都自相矛盾。

正　　方：可是法律上说的是消除影响啊，对方同学的文字余弦是不是觉得我们的法律用词不当呢？

反　　方：但是我们今天辩论的不是消除影响，而是消除腐败啊！请对方告诉我如何消除腐败。

正　　方：按照对方的观点，是不是法律上的消除影响就应改为遏制影响？

反　　方：请对方辩友告诉我，腐败的影响到底有没有消除呢？

正　　方：我想请问对方同学，为什么法治只能遏制腐败，而不是消除腐败呢？遏制是一个什么概念呢？

反　　方：法治为什么只能遏制腐败，是因为法治自身具有局限性，再加上法治基础的不稳定性，这一切都证明了法治只能遏制腐败而无法消除腐败！（掌声）

正　　方：遏制正是消除的第一步嘛，在遏制的基础上不断地努力，不正是可以消除腐败吗？（掌声）

反　　方：对方看来很天真，认为不断地遏制就是消除，我告诉你吧，再遏制它也是有，而消除是无，有和无是质和量的根本的区别啊！（掌声）

正　　方：对方同学又把消除理解为绝对为零啦，我倒想请问对方同学，在你们遏制腐败以后，剩下的腐败，你们怎么办呢？

反　　方：请问对方，如果消除不是消除到零的话，那么消除到多少才叫消除呢？消除到多少才不算消除呢？（掌声）

正　　方：我想请问对方同学，你们的遏制是遏制到多少呢？遏制到 100 个，还是遏制到 50 个，然后就袖手旁观呢？（掌声）

反　　方：而这恰恰是你们要证明的，到底消除到什么程度才叫消除啊！（掌声）

正　　方：法治当然能够消除腐败，不然我想请问对方同学，那个徐中和跑到哪去了？

反　　方：一个徐中和走了，难道没有一个王中和吗？（笑声、长时间掌声）

正　　方：对方同学，我又不明白了，我们到哪里去找一个王中和，我倒想请问对方同学，我国现在是不是真的依靠法治去消除腐败呢？

反　　方：腐败不是我们找来的，是它自己蔓延滋生出来的嘛！（掌声）

正　　方：可是法治正在消除腐败，这一个事实对方同学能够否认吗？

反　　方：事实是法治正在遏制腐败，而腐败也在不断地滋生啊！

正　　方：腐败是越来越多呢，还是越来越少？如果是逐渐减少，这不正是一个消除的过程吗？

反　　方：问题是腐败是不是越来越少啊？

正　　方：难道对方同学认为腐败只会是越来越多，到最后把我们的国家都吞噬掉吗？（掌声）

反　　方：所以我们说不能靠法治自身来消除腐败嘛！

正　　方：还是回到法治定义的区分。你们就是这样理解法治，难道它就只是单靠法律制度吗？

反　　方：让我们再看一下法治的功能吧。诚如对方一辩所说，尼克松因水门事件而下台，但是我们看到又来了一个白水门，我们惩治了一个铁道部副部长，可又出来了一个铁道部副部长，这叫消除吗？这叫腐败根不除，歪风吹又生啊！（长时间掌声）

正　　方：可是对方同学今天在这里，能够知道有一个白水门，能够知道后来的一个铁道部的副部长，不正是法治在起作用吗？

反　　方：对方刚才一直说，只要权力能够制约住，腐败就不会产生，但是我要告诉对方的是，权力制约的有限性，已经成为历史的定势。

正　　方：权力制约永远有有限性吗？这怎么就是历史的定势呢？请你给我解释一下。

反　　方：权力与贪欲的结合，权力让步的疏漏，权力的不均等，私有观念的产生，特权结构的存在。请问同学，这难道不是权力制约的有限性嘛？

正　　方：我方早已从制度建设和法律的精神的深入人心，解答了对方同学的问题。我倒想请问，如果不是靠法治，对方同学到底要靠什么来消除腐败呢？腐败是不是就没治了呢？（掌声）

反　　方：法治确实有惩治腐败的作用，但是对方，你如何解释那些执法犯法、顶风作案的人呢？（掌声）

正　　方：所以我们就是要不断地加强法制建设，使法制观念深入人心，这不就是我方所说的要加强法治，消除腐败吗？

反　　方：我方同意要加强法治，因为加强法治确实能够有效地遏制腐败，问题是你们怎么论证消除腐败呢？

正　　方：你们的遏制究竟是原地不动呢，还是越来越少呢？

反　　方：请对方辩友告诉我，靠法治怎么解决贪污者的贪欲问题？要知道，可是胆从贪欲生啊！

正　　方：按照对方的观点，是不是认为人性本恶，人类社会就不能进步了呢？

反　　方：只要有了减少的趋势，就一定能够最终实现消除腐败这个目的吗？大家知道，一个小孩一顿饭能吃一两米饭，一个青年人一顿饭能吃一斤米饭，这也是饭量增长的趋势吧！那么再往下推就是一个成年人一顿饭能吃一百斤米饭，这不成饭桶了吗？（长时间掌声）

正　　方：腐败当然是由少到多，现在的腐败比较多，可是一个青年人到老年人饭会越吃越少，在我们的努力下，腐败也会越来越少的呀！（掌声）

反　　方：对方同学的错误，恰恰是把腐败看做一百斤大米饭啊，你要有减少的趋势，也要有减少的内在能力呀！而对方同学没告诉我们法治怎么有这种内在能力嘛。

正　　方：法治为什么没有这种内在能力呢？这些同学在这里知法守法，不就是法制观念深入你的内心了吗？（掌声）

反　　方：法治为什么没有这种内在能力呢？原因在于法治它自身存在的局限性，它的基础也是不稳固的，正是因为此，所以法治只能惩治腐败，而无法消除腐败。

正　　方：对方同学再一次重申了什么法治的局限性，请你正面告诉我，它的局限性究竟在哪，为什么不能被克服掉？

反　　方：立法的缺漏就是法治局限性之一。请问，立法的缺漏将如何解决呢？

正　　方：立法有缺漏，难道能叫法治吗？我们要有法可依，就是要加强法制建设，使我们的立法没有缺漏啊！

反　方：是啊！有法可依，可是法律本身都有问题，怎么依靠它消除腐败啊！(掌声)

正　方：有问题的法律，难道能叫法制完备吗？

反　方：要记住一句古话，金无足赤，人无完人啊（铃声），法治是避免不了自己的缺漏的。(掌声)

主　席：对不起，反方时间到，请正方继续。

正　方：对方同学把法治只看做单靠法律制度，那么我想请问法治难道不包含道德吗？请问从罗马的十二同昭法到中国的大唐明律，从人权宣言到拿破仑法典，有哪一部法律不包含道德呢？

正　方：我们的国家公务员暂行条令规定，公务员不得参加任何营利性的经营活动，那么以后不管出现什么样的经营领域，公务员都不能再参加了，这不就是法律的前端性和预测性吗？

正　方：对方同学今天始终没有搞清楚法治的真正含意，所以对消除腐败的问题才会雾失楼台，月迷津渡啊！

正　方：对方同学如果把法治等同于法律制度的话（铃声），我看秦朝就是法治社会了！

主　席：对不起，正方时间也到。(长时间掌声)

谢谢各位来宾朋友们，感谢双方队员的出色表现。看来我们的辩论赛正如大家所希望的那样，一场比一场更精彩激烈。我深为比赛时间的短暂而深感遗憾，那么参赛队员似乎还有很多话要说，也好像更精彩的更能够闪烁火花的话语还在后面，但是由于时间的关系，我们不能继续。今天我们谈论的不是有关法律的问题吗？本主席也不能首先犯规，延长时间，是吗？留下那些意犹未尽的话语，让我们的观众朋友继续思考。接下来呢，双方队员稍加整顿，还有最后一搏，我们将要进入第三阶段，总结陈词，发言时间是4分钟，这回我们有请反方同学发言。请。

反方四辩： 主席，大家好！法治到底能否消除腐败，我方的观点明确，不能。我方的理由概括起来说，主要是：一是法治具有内在的局限性，具体表现在立法必有疏漏，执法具有不确定性，而法律有自身的僵硬性和灰色地带。第二，法治依赖的政治基础、社会道德基础和物质基础都会呈现这样或那样的不稳固性。美国参议院财政委员会主席的贪污，证明就是有立法者不可靠；韩国大法官的索贿，以及原郑州市中原法院院长刘士荣的受贿，证明就是有执法者不守法；意大利政府公然提出取消对贪官的拘审权以及原江西省省长倪献策贪赃枉法、以权谋私，证明就是有行政长官不廉洁。第三，腐败的复杂多变性、传染扩散性以及顽固隐蔽性，使腐败死角必然存在，腐败可说无法完全消除。最后法治无法完全剪断和阻止掌权者身上发生的权力与私欲的联姻，更无法遏制和制止某些掌权者为金钱的诱惑铤而走险。在西方从洛克的政府论到孟德斯鸠的法意，再到罗尔斯的正义论，法治思想家们力图修正、完善法治理论，从华盛顿的求索到罗斯福的新政再到克林顿的改革，西方政治家力图弥补法治的缺漏弊害，然而终究未能使西方的腐败得以消除。至于社会主义国家能否消除腐败，以及什么时候才能消除腐败，北京大学刚刚出版的《反腐败纵横谈》一书（铃声），做出了这样的回答：只要社会主义依然存在国家这一机器，腐败便会长期存在，直至国家消亡的这一天（长时间热烈掌声）。我们期望今后中国贪污受贿的人数不再像今天这样众多，因为我国每年尚有一百万的孩子因为交不起百元的学费而失学！我们国家还很穷，生产力还很落后，人民辛辛苦苦流血流汗创造积累这点社会财富太不容易（热烈掌声），但是，我们更清醒地认识到，这些期望的实现，仅仅依靠法治是远远不够的。我们必须记住只有通过改革的全面深入，社会主义市场经济体制的创立和完善，民主与法制的不断加强，才能为遏制腐败这种现象创造越来越多的有利条件。所以我们期望这个大厅中的所有人以及一切关心国家命运的中国人同仇敌忾，齐心协力，为征服腐败这个恶魔而努力。（铃声）国家兴亡，匹夫有责！（长时间热烈掌声）

主　　席： 谢谢观众朋友们，接下来有请正方总结陈词。

正方四辩： 谢谢主席，大家好！真理离谬误只有一步之遥，对方辩友今天所犯的错误就在于把我们所谈的法治理解为法律制度的法制，这一字之谬失之千里，使对方同学今天的观点失去了正确的根基，而成为无的放矢。首先对方辩友把法治概念狭隘地理解为法律制度。其实法治作为一个以法为主的社会控制系统，绝不仅仅是一个建立法律制度的过程，而是一个通过立法、执行、监法、守法来树立法律最高权威的过程。它不是一枝独秀，而是众星拱月。而当法治观念深入人心，法制建设不断完善，使人人监督法，人人接受法时，对方同学有什么理由认为腐败不能够消除呢？其次，对方同学又把治理腐败说成是要靠泛泛的综合治理。然而，对方辩友却始终回避这样一个问题，这样的综合治理究竟要靠什么为根本呢？是靠道德说教吗？不是，是靠群众运动吗？也不是，归根到底，还是要靠法律为根本！这样的综合治理以法为核心，以法为手段，以法为最高权威，这正是我方所说的法治系统工程嘛！但是对方同学的观点，无非就是说，只要社会发展，就能消除腐败，这样的观点目标不清，手段不明，主次不分，大而不当，我看惟一的优点恐怕只在于无可挑剔。好，我方已从逻辑、理论和事实三个层面论述了我方观点，下面我将从价值层次进一步总结。首先，法治能够消除腐败，是超越人治文化的体现。综观漫漫封建长夜，纵有严刑立法，却终不过是人治的附庸，帝王手中的工具，只有从近代资产阶级革命血与火的斗争中，人类才真正找到了法治这个武器来对抗特权。从卢梭关于人民正义的呐喊到英国三百年法治传统的清贫，从中国大陆的反腐败运动到香港一浪高过一浪的廉政风暴，人类正是在正义与邪恶的较量中认识到，只有从依靠清官大人转向依靠民主制度，从依靠顺民君主转向依靠法律权威，才能真正铲除腐败产生的温床和土壤。其次，法治能够消除腐败也是打破特权的平等思想的要求。今天中国现代化的目标就是要走向法治社会的建立，然而，时至今日的法律都还远没有制止这腐败的蔓延和猖獗。这其中最深刻、最根本的原因恰在于法治精神仍未能深入人们的生活而支撑起法的权威。法，当它只用来约束百姓时（铃声），那不是法的真谛，当它用来制约特权时，这才是法的精神！当然，在走向未来的征途上，人治与法治、法律与特权的斗争，仍然是漫长而坎坷的，但是只要正义还驱使着人们上下求索，只要还有舍身求法的人们在毅然支撑起这个国家的脊梁，我们便可以相信，法治的阳光终将会融化人们心中的坚冰，驱走漫漫长夜，引导我们走向光明！谢谢！（长时间掌声）

（节选《舌战京城》，华龄出版社 1996 年版）

参考书目

[1] 骆小所．艺术语言学．昆明：云南人民出版社，1996
[2] 邹守义．演讲学教程．北京：高等教育出版社，1993
[3] 李华军．口才学．武汉：华中理工大学出版社，1996
[4] [美] 尼尔森·古德曼．艺术语言．褚朔维译．北京：光明日报出版社，1990
[5] [苏] Г·З·阿普列相．演讲艺术．赵文元，臧之权译．长春：东北师范大学出版社．1987
[6] 伍铁平．模糊语言学．上海：上海外语教育出版社，1999
[7] 苗东升．模糊学导引．北京：中国人民大学出版社，1987

后 记

这本书原本不想再写了，一是临近退休，精力锐减；二是这几年写过《教师口语技能》，《教学与口才》等几本书，已形成了思维定势，写不出新意来了。但是，我仍想为学校的发展起点沙石类的作用。我没有别的什么长处，只在口才与演讲方面有过十多年的积累和感受，于是接下了《演讲语言技巧与实践》这本书的写作。

我年届花甲。前人说："老骥伏枥，志在千里。"我不是老骥，更无老骥般的志向。我只能是一条老牛，只会默默地劳作，为我所在的长沙大学再耕几小块薄地。

我没有牢骚与怨言，只有勤奋与劳顿。

我非常感谢学校领导，尤其是教务处、人文系给了我方方面面的鼓励与方便，感谢湖南师范大学何令华副教授的友情，冒着酷暑帮我写了书中的第三章，同时，还感谢我的外侄贺鹏帮助我打印和整理书稿，节约了我很多时间，减少了不少差错。

书稿即将面世，肤浅、疏漏难免，诚望专家学者、同仁、读者拨冗赐教。

唐树芝
2002年8月30日
湖南师范大学北村